「主要教科の復習をしながら、無理なく基礎力がつくプリントを
これが、このプリントを制作した動機です。

さいわい、今までに各教科で同じ趣旨のプリント制作にたずさわってまいりました。そこで、それらのプリントでつちかった経験や、問題も一部でいかしながら、**主要教科の大切なことがらをもれなく取り上げた**のが、この**「らくらく全科プリント」**です。

学年の総仕上げや学期の復習、単元のおさらいなど、いろいろな用途にお使いいただけます。

著　者

本書の特色

- **基礎的な問題が無理なく学習**できるよう配慮しました。
- 子どもが**ゆったり書けるレイアウト**にしました。
- 書き込み問題を中心にし、**学力の定着がはかれる**ようにしました。
- 漢字学習では**ひとつの漢字が、たくさんの熟語を作れる**ことを実感できる構成にしました。
- **学習の世界を広げる**など、様々なおもしろヒントをすべての項目につけました。
- 子どもが**手本にできる手書き文字**を採用しました。

本書の使い方

①学習は毎日、少しずつでも続けるようにしましょう。

②このプリントは見開き２ページが１回分です。どのページからでも取り組めます。国語は後ろ側から、始まります。

③開いたページの問題を、まず、３回しっかり読みましょう。

④答えを書き終わったら、全体をていねいに読み直しましょう。うっかりミスをなくせます。

⑤最後に答え合わせをしましょう。まちがった問題は、すぐにやり直して100点満点にしましょう。

- 教科書と国語辞典は、いつでも使えるようにしておきましょう。

もくじ

英語

国語

算数　　月　　日

1　円の面積

得点　／100

円の面積＝半径×半径×円周率（3.14）

1　次の円の面積を求めましょう。　（①10点・②③15点×２問）

①

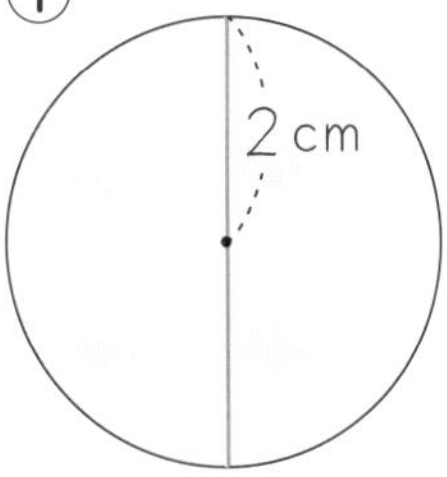

式

答え

②

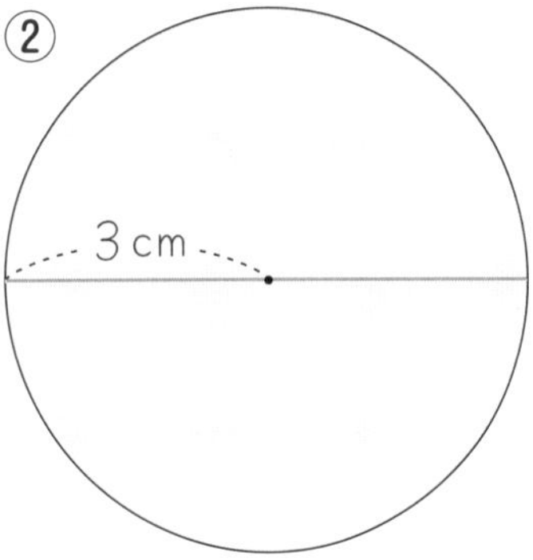

式

答え

③

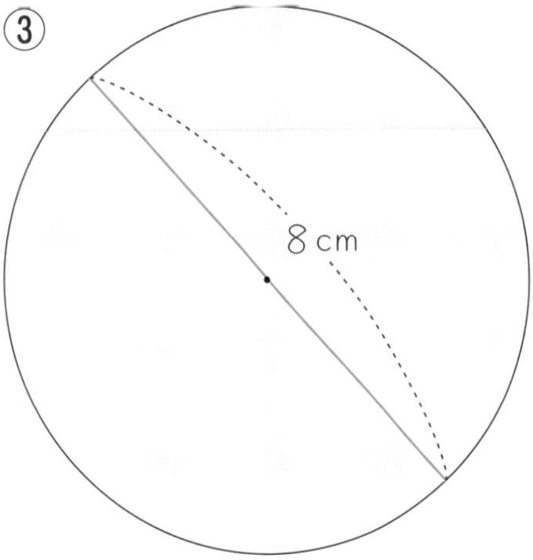

式

答え

ヒント

正方形にピッタリ入る円は、正方形の面積の約４分の３です。
400㎡の正方形にピッタリ入る円の面積は約300㎡です。

2 次の円の半径は３cmです。太い線で囲まれた部分の面積を求めましょう。
(20点×３問)

①

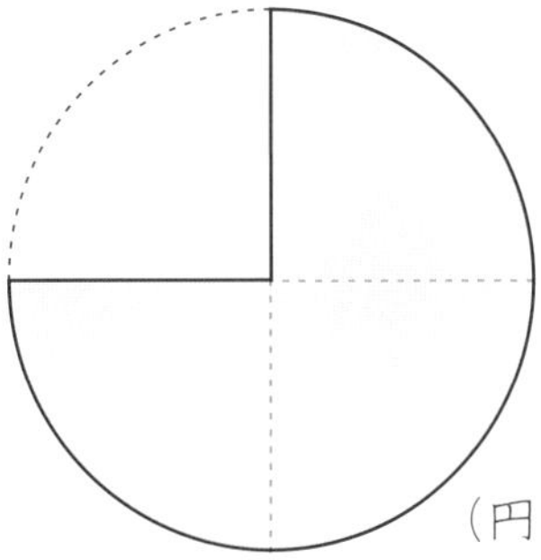
(円を４等分)

式

答え

②

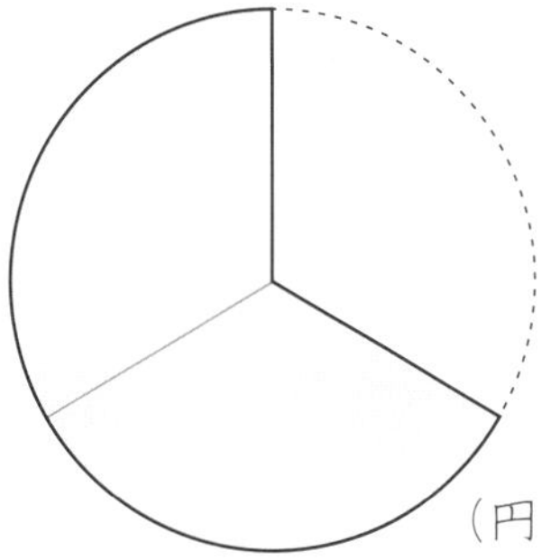
(円を３等分)

式

答え

③

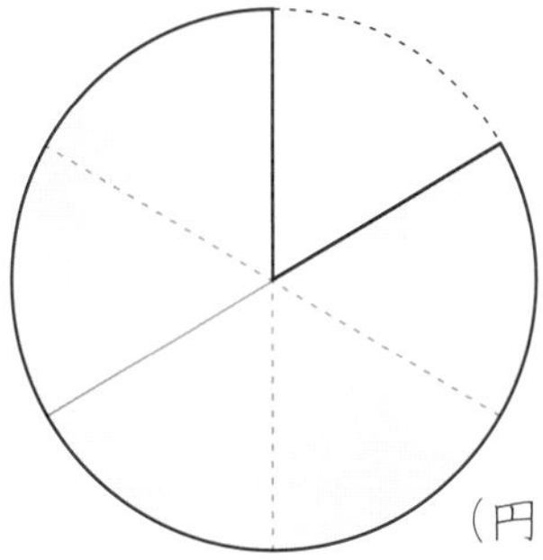
(円を６等分)

式

答え

算数

算数　　月　　日

2 文字を使った式

得点　　／100

1 同じかんづめ6個を300gの箱につめます。

① かんづめ1個の重さを x gとして、全体の重さを求める式をかきましょう。（5点）

② x に180、200、250をあてはめて、全体の重さを求めましょう。（10点×3問）

180のとき……

200のとき……

250のとき……

2 縦《たて》が1.5mで、横が x mの長方形の菜園があります。

① 菜園のまわりの長さを求める式をかきましょう。（5点）

② x を5、8としたとき、まわりの長さを求めましょう。（10点×2問）

5のとき……

8のとき……

ヒント

xは変化する数量を表します。教科書によっては、x、yのほかにa、bが使われる場合もあります。

3 底辺が6cmの二等辺三角形があります。
後の問いに答えましょう。（10点×4問）

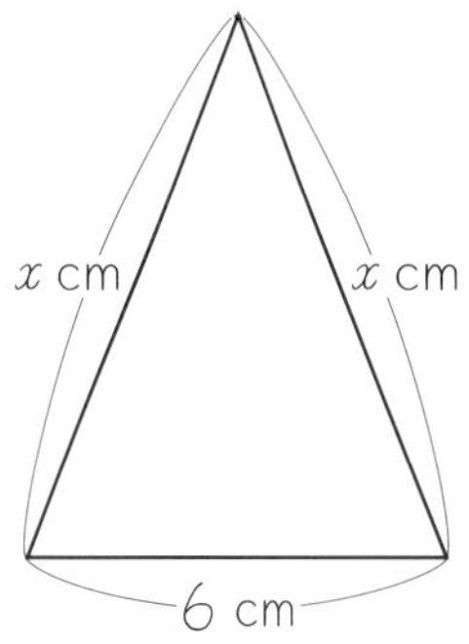

① 等しい辺の1辺の長さを$x$cmとして、まわりの長さを求める式をかきましょう。

② ①の式がちょうど20cmのとき、＝を使って表しましょう。

③ 図を見て、xを求めましょう。

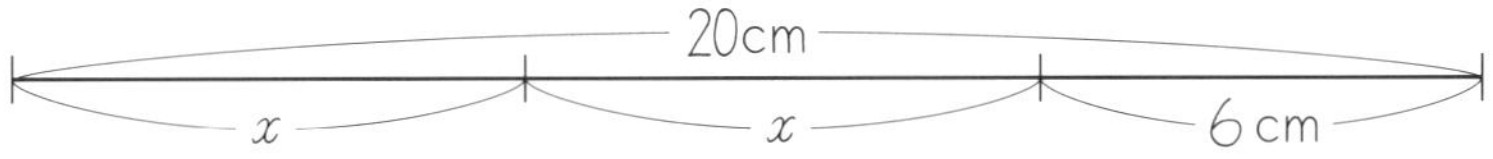

答え

④ まわりの長さが26cmのときのxを求めましょう

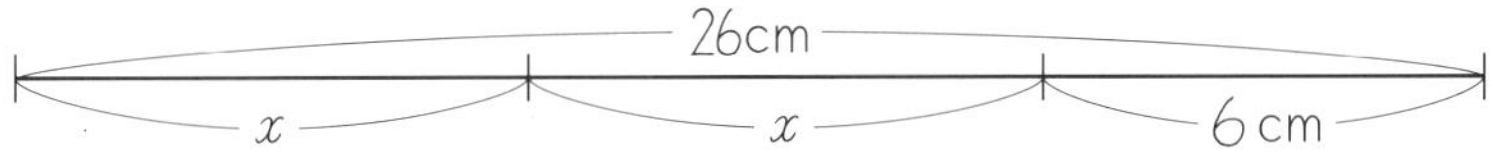

答え

算数　　月　日

3 分数のかけ算 (1)

得点　／100

1　次の計算をしましょう。　（6点×10問）

① $\frac{9}{14}\times\frac{7}{6}=\frac{\overset{3}{\cancel{9}}\times\overset{1}{\cancel{7}}}{\underset{2}{\cancel{14}}\times\underset{2}{\cancel{6}}}$

$=$

② $\frac{8}{5}\times\frac{5}{6}=$

③ $\frac{9}{20}\times\frac{25}{21}=$

④ $\frac{12}{5}\times\frac{15}{16}=$

⑤ $\frac{8}{21}\times\frac{15}{4}=$

⑥ $\frac{18}{25}\times\frac{15}{8}=$

⑦ $\frac{15}{14}\times\frac{4}{21}=$

⑧ $\frac{14}{9}\times\frac{15}{16}=$

⑨ $\frac{10}{27}\times\frac{9}{16}=$

⑩ $\frac{12}{25}\times\frac{15}{32}=$

ヒント

計算の答えが$\frac{9}{4}$なら、そのまま$\frac{9}{4}$とかくようにしましょう。

2 次の計算をしましょう。帯分数は仮分数に直して計算します。

（5点×8問）

① $2\frac{1}{4}\times\frac{10}{21}=$

② $\frac{10}{27}\times3\frac{3}{5}=$

③ $1\frac{5}{9}\times\frac{3}{4}=$

④ $\frac{3}{10}\times2\frac{1}{12}=$

⑤ $4\frac{1}{2}\times\frac{4}{9}=$

⑥ $\frac{16}{25}\times3\frac{1}{8}=$

⑦ $2\frac{1}{10}\times\frac{2}{3}=$

⑧ $\frac{2}{3}\times1\frac{1}{8}=$

算数

月　　日

4 分数のかけ算 (2)

得点

／100

1 米 1 kgには、$\frac{3}{4}$ kgのでんぷんがふくまれています。
米 $\frac{5}{3}$ kgには、何kgのでんぷんがふくまれていますか。（20点）

式

答え

2 1 dLのペンキで、$\frac{5}{4}$ m^2のへいがぬれます。
$\frac{6}{5}$ dLでは、何m^2ぬれますか。（20点）

式

答え

3 1 m^3の空気の中には、$\frac{4}{5}$ m^3のちっ素がふくまれています。
$\frac{5}{8}$ m^3の空気には、何m^3のちっ素がふくまれていますか。（20点）

式

答え

ヒント

分数のかけ算は、計算のとちゅうで約せるところは約してしまいましょう。

4 次の図形の面積を求めましょう。 （10点×４問）

① 長方形

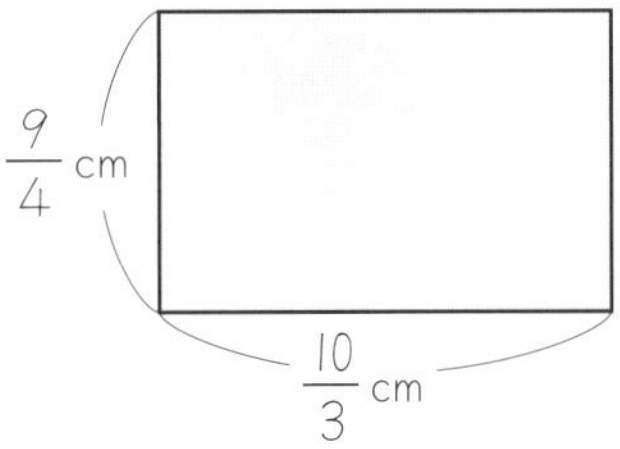

式

答え

② 平行四辺形

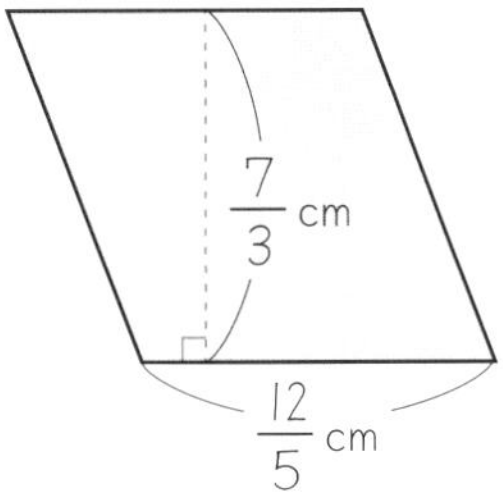

式

答え

③ 正方形

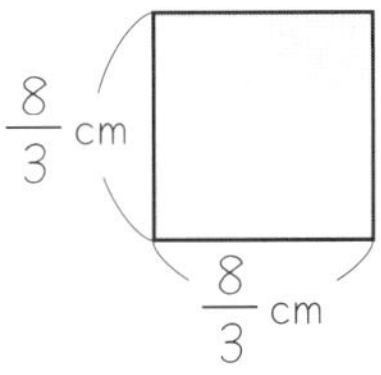

式

答え

④ 平行四辺形

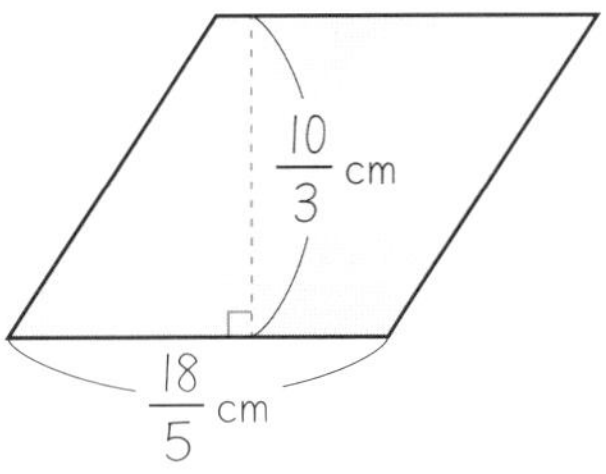

式

答え

算数　月　日

5 分数のわり算 (1)

得点　／100

1 次の計算をしましょう。約分できるものは約分しましょう。

（5点×8問）

① $\frac{6}{25} \div \frac{9}{20} =$

② $\frac{8}{27} \div \frac{14}{15} =$

③ $\frac{12}{25} \div \frac{8}{15} =$

④ $\frac{16}{21} \div \frac{14}{15} =$

⑤ $\frac{21}{32} \div \frac{27}{40} =$

⑥ $\frac{20}{27} \div \frac{35}{36} =$

⑦ $\frac{10}{21} \div \frac{16}{15} =$

⑧ $\frac{21}{4} \div \frac{9}{10} =$

分数のわり算は、わる数を逆数にしてかけ算にします。

2 次の計算をしましょう。帯分数は仮分数に直して計算します。

（10点×６問）

① $2\frac{5}{8} \div 1\frac{1}{6} =$

② $2\frac{1}{4} \div 2\frac{1}{10} =$

③ $1\frac{1}{6} \div 2\frac{5}{8} =$

① $2\frac{1}{10} \div 2\frac{1}{4} =$

⑤ $2\frac{1}{3} \div 1\frac{1}{6} =$

⑥ $1\frac{7}{8} \div 1\frac{1}{4} =$

算数

　　月　　日

6 分数のわり算 (2)

得点

／100

1　1mの重さが $\frac{12}{7}$ kgの銅管があります。

銅管の重さが $\frac{18}{7}$ kgのとき、長さは何mですか。　(20点)

式

答え

2　$\frac{5}{9}$ m^2の銅板の重さは $\frac{10}{3}$ kgです。

この銅板1m^2の重さは何kgですか。　(20点)

式

答え

2　$\frac{8}{7}$ m^2のかべをぬるのに $\frac{8}{3}$ dLのペンキを使いました。

1dLでは何m^2ぬれましたか。　(20点)

式

答え

ヒント

１より小さい分数でわると、商はわられる数より大きくなります。

4 次の図形の辺の長さや高さを求めましょう。 (10点×４問)

① 長方形（面積 $\frac{14}{5}$ cm²）

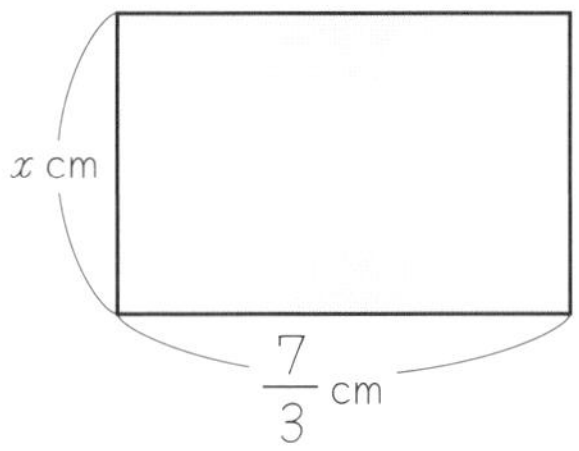

式

答え

② 平行四辺形（面積 $\frac{28}{9}$ cm²）

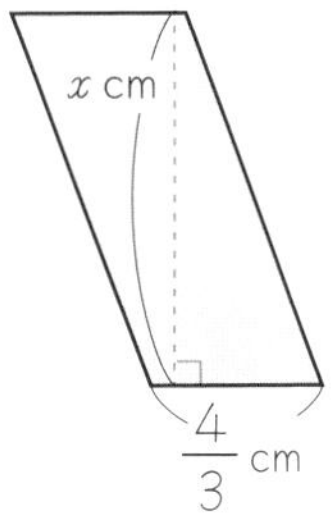

式

答え

③ 三角形（面積 $\frac{10}{3}$ m²）

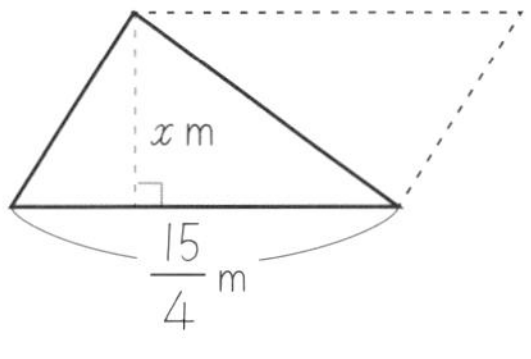

式

答え

④ 三角形（面積８m²）

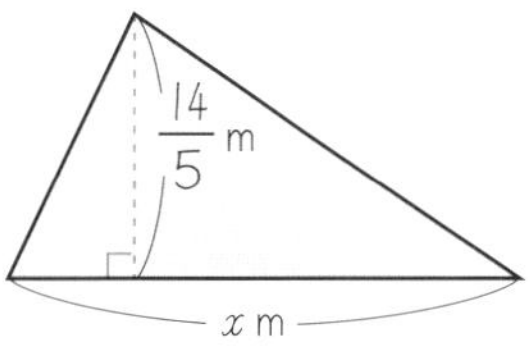

式

答え

算数

月　　日

得点

7 分数の計算

／100

〈例〉 $\frac{3}{8}\times\frac{5}{9}\div\frac{5}{6}=\frac{3}{8}\times\frac{5}{9}\times\frac{6}{5}$

わり算はかけ算に直します。

$=\frac{\overset{1}{\cancel{3}}\times\overset{1}{\cancel{5}}\times\overset{\overset{1}{\cancel{3}}}{\cancel{6}}}{\underset{4}{\cancel{8}}\times\underset{\underset{1}{\cancel{3}}}{\cancel{9}}\times\underset{1}{\cancel{5}}}$

約分できるものは約分します。

$=\frac{1}{4}$

1 次の計算をしましょう。　（20点×３問）

① $\frac{3}{4}\times\frac{14}{25}\div\frac{21}{20}=$

② $\frac{7}{10}\times\frac{4}{9}\div\frac{14}{15}=$

③ $\frac{8}{15}\times\frac{7}{6}\div\frac{14}{9}=$

ヒント

×・÷と＋・－の混合算は、×・÷を先にします。乗除《じょうじょ》先行といいます。

〈例〉 $\frac{3}{4}+\frac{3}{8}\times\frac{4}{9}=\frac{3}{4}+\frac{\overset{1}{\cancel{3}}\times\overset{1}{\cancel{4}}}{\underset{2}{\cancel{8}}\times\underset{3}{\cancel{9}}}$ 　かけ算から先に計算します。

$=\frac{3}{4}+\frac{1}{6}$

$=\frac{9}{12}+\frac{2}{12}$

$=\frac{11}{12}$

2 次の計算をしましょう。 (20点×２問)

① $\frac{5}{6}\times\frac{9}{10}-\frac{1}{6}=$

② $\frac{7}{20}-\frac{3}{10}\times\frac{5}{6}=$

算数　　月　日

8 小数と分数の計算

得点　／100

1 次の小数を分数で表しましょう。（4点×4問）

① $0.7 = \frac{7}{10}$　　② $0.1 = \frac{\quad}{\quad}$

③ $0.03 = \frac{\quad}{\quad}$　　④ $0.53 = \frac{\quad}{\quad}$

2 次の計算をしましょう。仮分数はそのまま表しましょう。（8点×4問）

① $0.2+\frac{2}{5}=\frac{2}{10}+\frac{2}{5}$　　② $\frac{23}{10}-1.5=$

③ $\frac{7}{6}+1.25=$　　④ $\frac{7}{8}-0.25=$

ヒント

小数を分数になおすことで答えが表しやすくなるときもあります。

$4 \div 2.4 = 1.666\cdots \rightarrow 4 \div 2.4 = 4 \div \frac{24}{10} = \frac{5}{3}$

3 次の計算をしましょう。仮分数はそのまま表しましょう。（8点×4問）

① $0.6 \times \frac{8}{9} =$

② $\frac{5}{8} \times 1.8 =$

③ $\frac{4}{9} \div 2.4 =$

④ $0.5 \div \frac{7}{12} =$

4 次の計算をしましょう。仮分数はそのままで表しましょう。

（10点×2問）

① $\frac{3}{4} \times 0.5 \div \frac{9}{8} =$

② $\frac{5}{6} \div 0.4 \times 0.5 =$

月　　日

得点

9 対称《たいしょう》な図形

／100

東京都

沖縄県

丸に二つ引き両

丸にかたばみ

◎上の図形は、１本の直線で折ったとき、両側がきちんと重なります。
このような図形を**線対称《せんたいしょう》な図形**といい、この直線を**対称の軸《じく》**といいます。

1 次のマークで、線対称な図形を６つ選んで○をしましょう。（10点×６問）

ア

北海道

（　　　）

イ

愛知県

（　　　）

ウ

京都府

（　　　）

エ

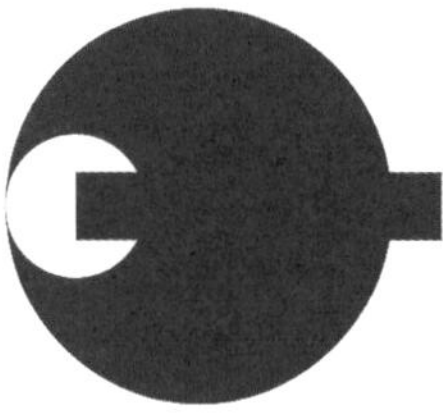

奈良県

（　　　）

オ

のぼりふじ

（　　　）

カ

丸にはなびし

（　　　）

キ

右三つともえ

（　　　）

ク

きりぐるま

（　　　）

ヒント

日常よく見るマークや模様《もよう》から、線対称《せんたいしょう》な図形や点対称《てんたいしょう》な図形を見つけましょう。

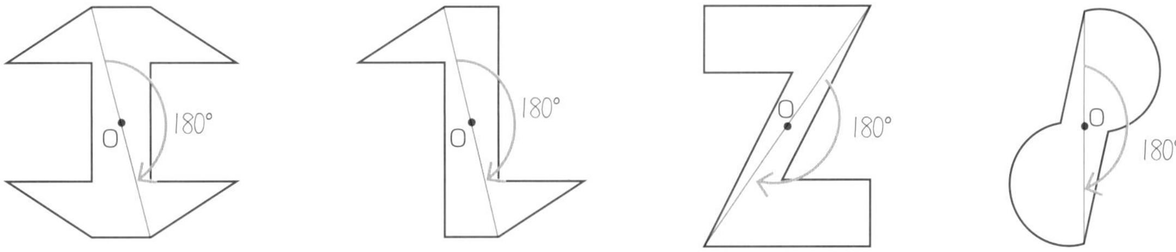

◎上の図形は、点Oを中心に180°回すと、きちんと重なります。このような図形を**点対称《てんたいしょう》な図形**といい、点Oを**対称の中心**といいます。

2 次の府県のマークで、点対称になっているものはどれですか。4つ選んで○をしましょう。 （10点×４問）

ア

大分県
（　　　）

イ

岩手県
（　　　）

ウ

宮崎県
（　　　）

エ
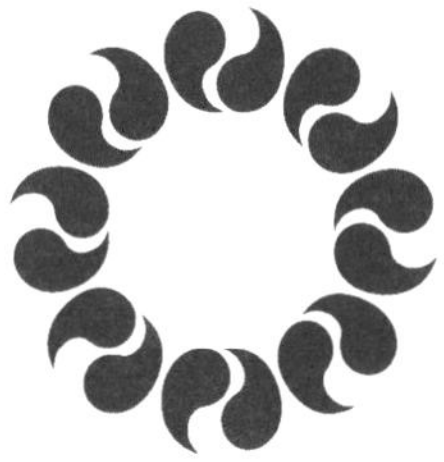
埼玉県
（　　　）

オ

京都府
（　　　）

カ

島根県
（　　　）

キ

長野県
（　　　）

ク

大阪府
（　　　）

算数　　月　日　　得点

10 比

／100

1 次の比を簡単《かんたん》にしましょう。　（4点×10問）

① 6：18＝　　　　② 20：15＝

③ 8：12＝　　　　④ 18：15＝

⑤ 36：24＝　　　　⑥ 24：16＝

⑦ 20：60＝　　　　⑧ 28：49＝

⑨ 45：60＝　　　　⑩ 63：81＝

2 次の割合《わりあい》を簡単な比で表しましょう。　（4点×2問）

① 辺アイと辺イウと辺アウの長さの比。

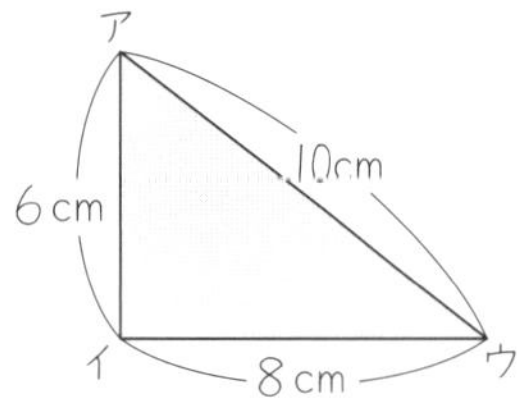

答え

② 辺アイと辺イウと辺アウの長さの比。

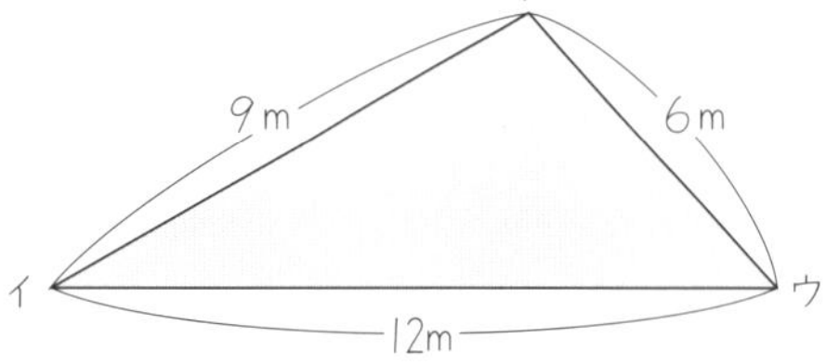

答え

ヒント

3つの辺の比が3：4：5の三角形は直角三角形です。
5：12：13も直角三角形になります。

3 30:20と等しい比を3つ以上かきましょう。(数は30，20より小さくする。)

（4点）

答え

4 次の x にあてはまる数を求めましょう。 （4点×7問）

① 3：5 ＝ x：15

② 4：7 ＝ x：28

③ 8：3 ＝ 56：x

④ 14：49 ＝ 2：x

⑤ 15：21 ＝ x：7

⑥ 36：24 ＝ x：2

⑦ 26：39 ＝ 2：x

5 次の比の値《あたい》を求めましょう。 （4点×5問）

① 3：5 ➡

② 4：7 ➡

③ 14：49 ➡

④ 15：21 ➡

⑤ 36：24 ➡

算数　　月　日

11 拡《かく》大《だい》図《ず》と縮《しゅく》図《ず》

得点　／100

1 次の図を２倍に拡大《かくだい》しましょう。（40点）

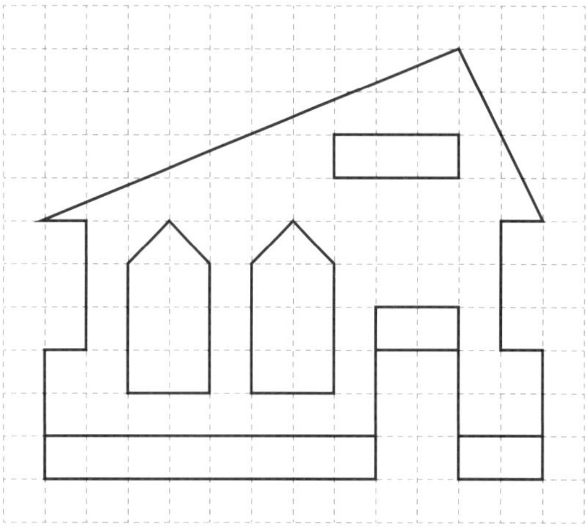

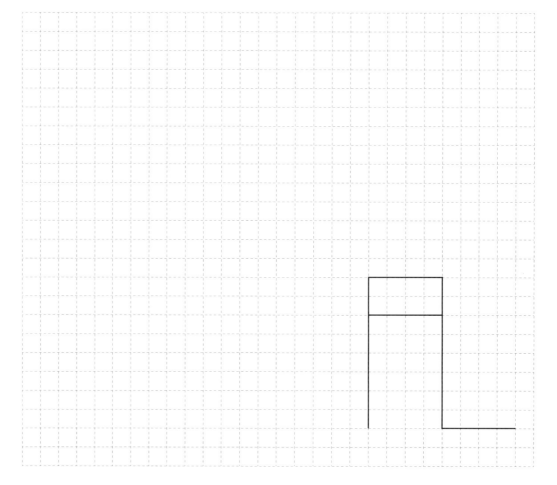

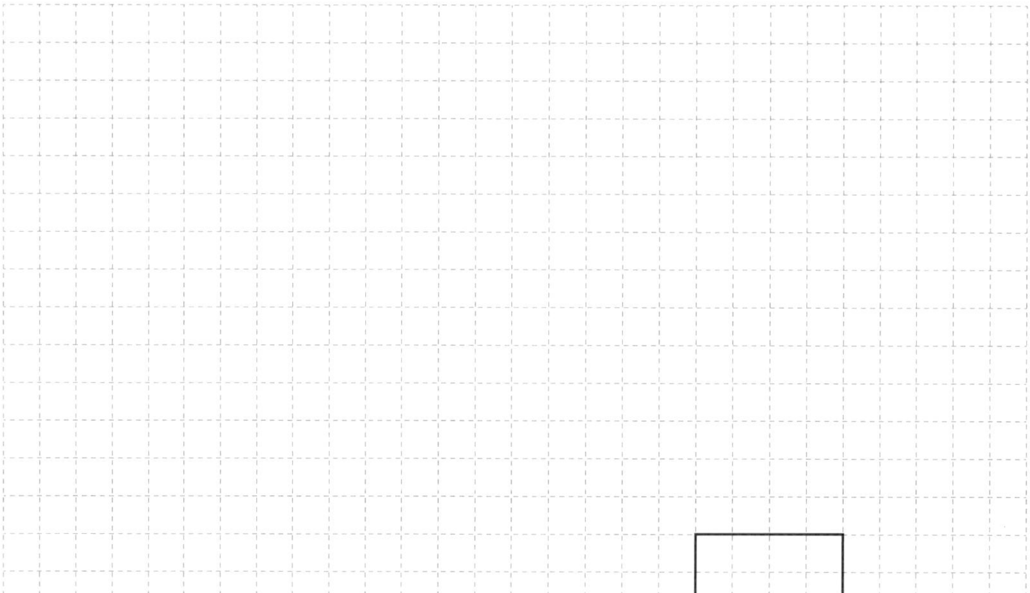

ヒント

図形を２倍・３倍に拡大《かくだい》すると、面積は元の図形の４倍・９倍になります。

2 次の図を３倍に拡大しましょう。Oは、拡大のもとになる点です。

（30点）

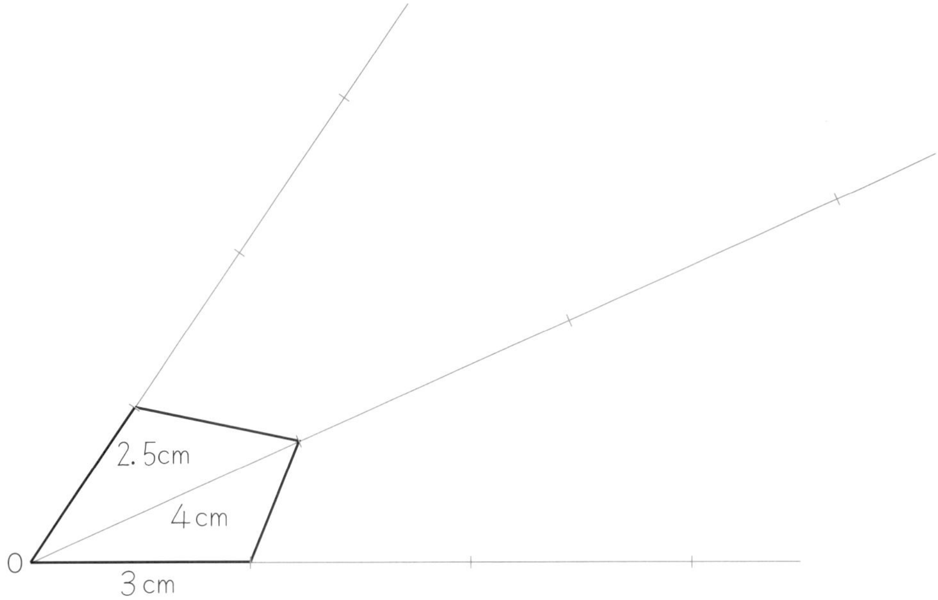

3 次の図を $\frac{1}{3}$ に縮小《しゅくしょう》しましょう。Oは、縮小のもとになる点です。

（30点）

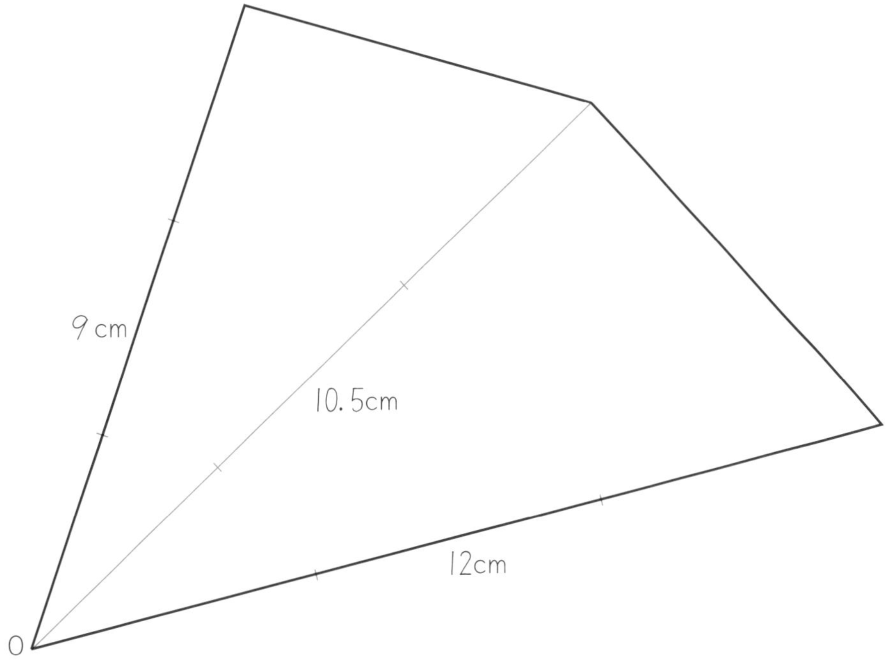

算数　　月　日　　得点

12 角柱と円柱

／100

◎角柱の体積は、次のようにして求められます。

角柱の体積＝底面積×高さ

1 次の角柱の体積を求めましょう。 （①10点・②③20点×２問）

①
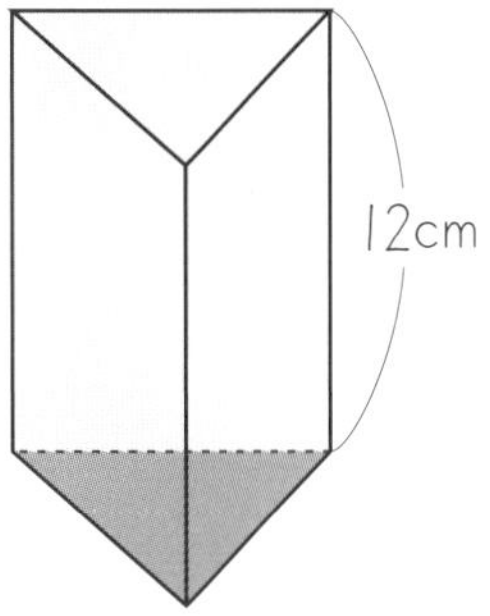

三角柱
底面積は$36cm^2$

答え ____________

②
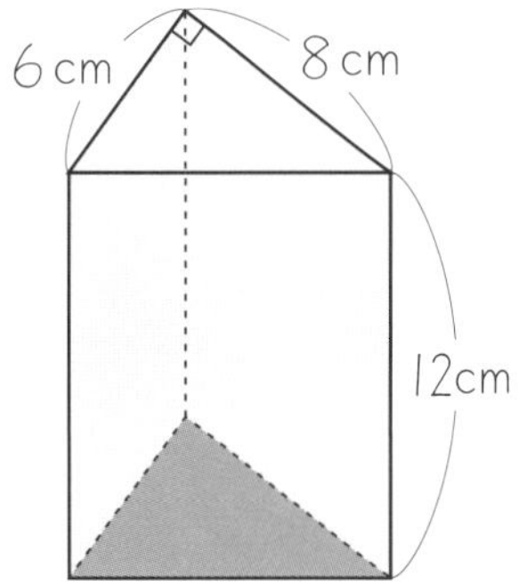

三角柱
底面は直角三角形

答え ____________

③
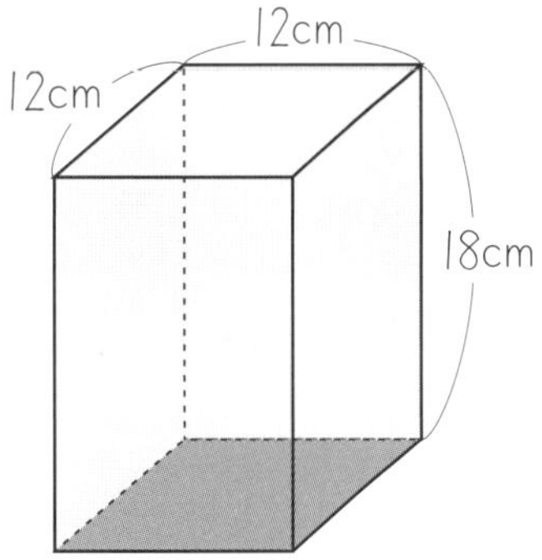

四角柱
底面は正方形

答え ____________

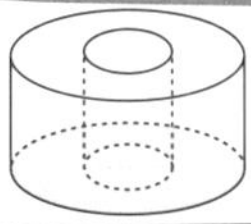

左のような立体でも「底面積×高さ」で体積が求められます。

◎円柱の体積は、次のようにして求められます。

円柱の体積＝底面積×高さ

2 次の円柱の体積を求めましょう。 （①10点・②③20点×２問）

①

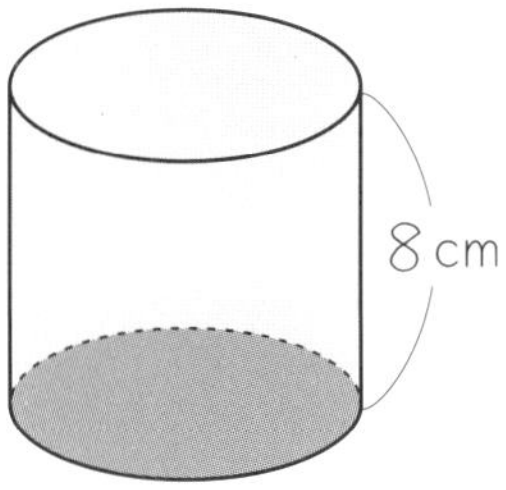

底面積は72cm^2

答え ＿＿＿＿＿＿＿＿

②

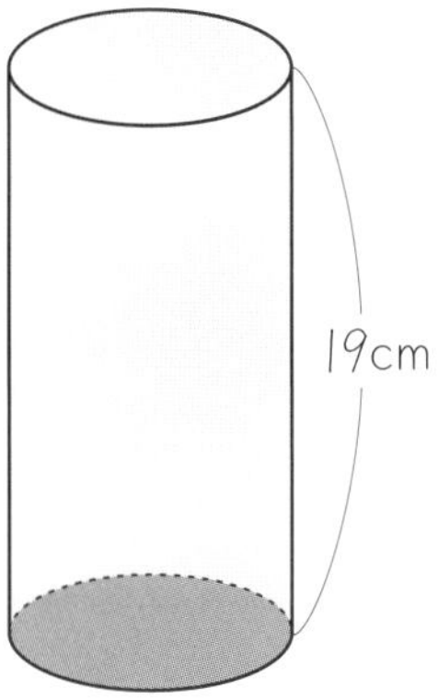

半径は５cm

答え ＿＿＿＿＿＿＿＿

③

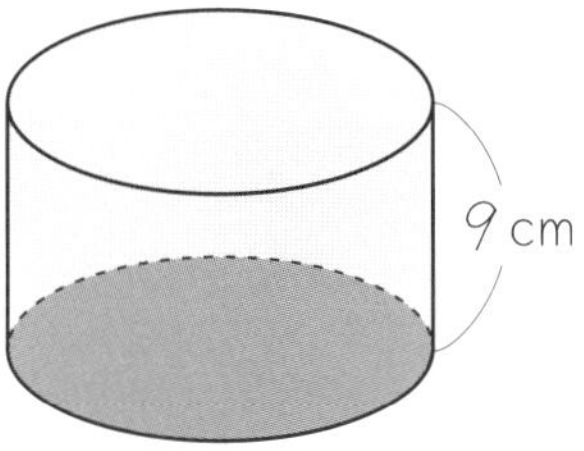

半径は９cm

答え ＿＿＿＿＿＿＿＿

算数　　月　　日　　得点

13 比例と反比例

／100

1 次の２つの量が、比例するものには○、反比例するものには△、どちらでもないものは×をかきましょう。（5点×6問）

① □ 時速30kmで進むときにかかる時間と進んだ道のり

② □ 面積が$24cm^2$の長方形の縦《たて》の長さと横の長さ

③ □ １mのリボンから切りとった長さと残りの長さ

④ □ 底辺の長さ６cmの三角形の高さと面積

⑤ □ 1000円持ってるとき、使った金額と残っている金額

⑥ □ 200m走るときの秒速とかかる時間

2 平行四辺形の面積、底辺の長さ、高さには、次の関係があります。

平行四辺形の面積＝底辺×高さ

次の①，②，③それぞれの、y を求める式をかきましょう。（5点×3問）

①
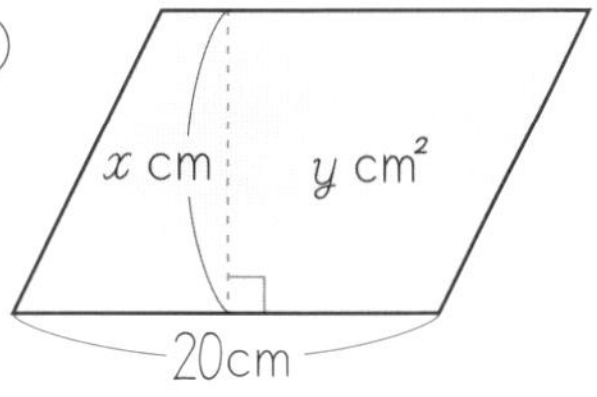

$y=$

（比例）

②
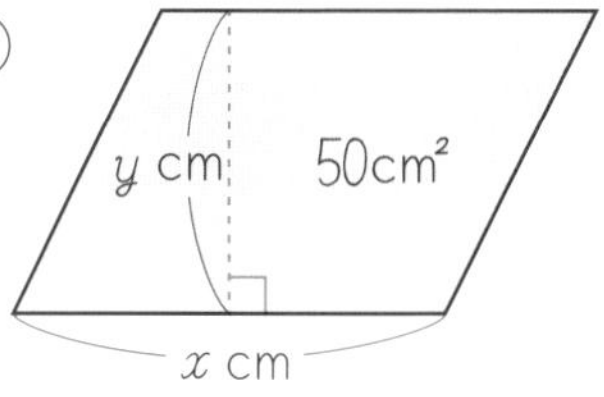

$y=$

（反比例）

③
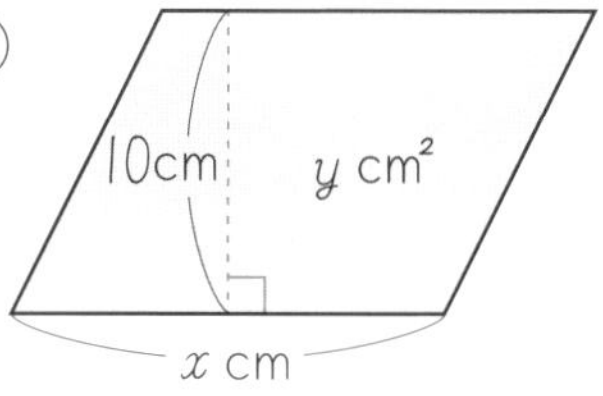

$y=$

（比例）

比例の式は $y=a\times x$、反比例の式は $x\times y=a$　$y=a\div x$
$y=a\times\frac{1}{x}$ です。

3 次の表の y は x に反比例しています。（10点×２問）

x（m）	0.2	0.4	0.8	2	4	5
y（m）	200	100	㋐	20	10	㋑

① ㋐, ㋑にあてはまる数を求めましょう。

㋐＿＿＿＿＿＿　㋑＿＿＿＿＿＿

② y を求める式をかきましょう。

答え＿＿＿＿＿＿＿＿＿＿

4 時速60kmで６時間かかるところを、時速80kmで走ると、何時間かかりますか。（15点）

式

答え＿＿＿＿＿＿

5 次の式で、x と y はどんな関係ですか。
比例するものには○、反比例するものには△をしましょう。（５点×４問）

① $x\times y=48$ □　② $y\div x=15$ □

③ $y=25\times x$ □　④ $y=60\div x$ □

算数　　月　　日　　得点

14 資料の整理

／100

1 右の表は、6年生の体重で、小数点以下を四捨五入したものです。

Ⓐ　6年生の体重

番号	体重(kg)	番号	体重(kg)
1	33	11	30
2	29	12	36
3	30	13	34
4	34	14	29
5	28	15	38
6	33	16	38
7	40	17	32
8	31	18	29
9	34	19	36
10	32	20	34

(324)

① 6年生の体重の平均は、約何kgですか。1番から10番までの体重の合計は324kgです。　(20点)

式

答え　約

② 全体のちらばりがわかるように、データをドットプロットで表しましょう。　(20点)

③ このデータの最ひん値と中央値を求めましょう。　(10点×2問)

最ひん値（　　　　　　　）

中央値（　　　　　　　）

ヒント

グラフには、棒《ぼう》グラフ、折れ線グラフ、柱状グラフ、帯グラフ、円グラフなどがあります。

④　Ⓐの体重の表を、Ⓑの表に整理しましょう。　（20点）

Ⓑ　6年生の体重

階級（kg）	度数（人）	
以上　未満	正の字	
28～30	一	
30～32		
32～34		
34～36		
36～38		
38～40		
40～42		
計		

⑤　6年生の体重を、柱状グラフに表しましょう。　（20点）

Ⓒ　6年生の体重

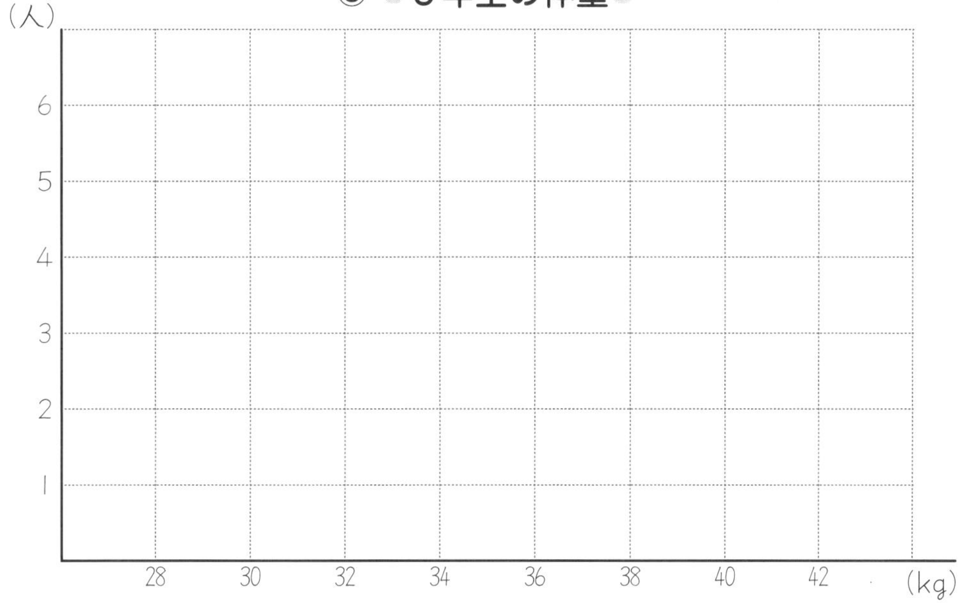

算数　　月　日　　得点

15 場合の数

／100

1 [1][2][3]の3枚のカードを使って3けたの数を作ります。
作った数を小さい順にすべてかき、何通りか答えましょう。 （20点）

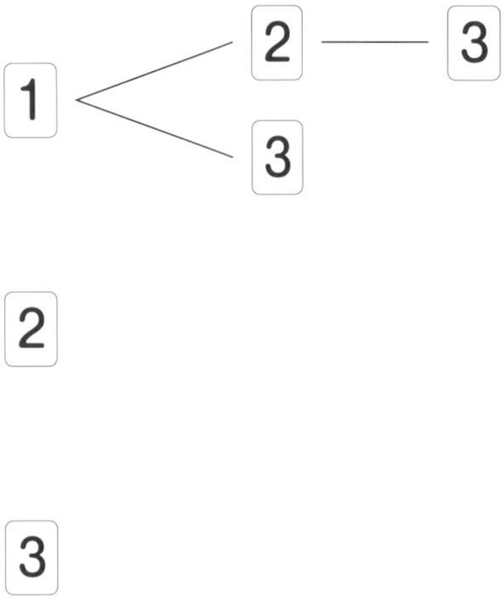

（　　　　　　　）

2 AさんBさんCさんDさん4人1チームでリレーをしました。
走る順番を考えましょう。 （10点×2問）

① Aさんが第1走者になるのは何通りありますか。

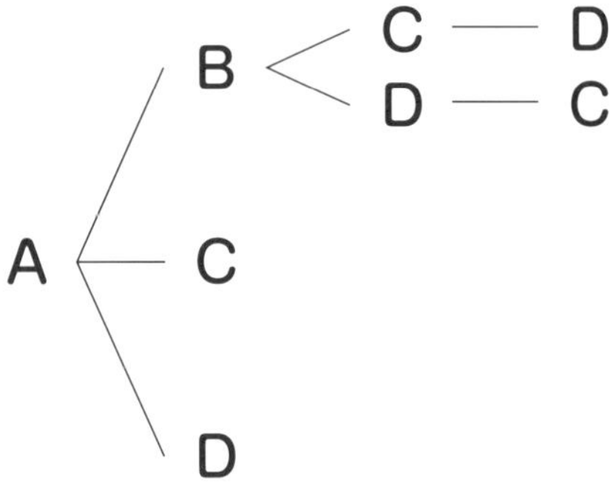

（　　　　　　　）

② 走る順番は全部で何通りですか。

（　　　　　　　）

1や2の①のように、木の枝のような図を樹形《じゅけい》図《ず》といいます。

3 りんご・みかん・なし・いちごの4種類の中から2種類選びます。どんな組み合わせができて、何通りになりますか。 (20点)

りんご	みかん	なし	いちご
○	○		
○		○	

(　　　　　)

4 百円玉を続けて3回投げます。このとき、表と裏の出方は全部で何通りありますか。 (20点)

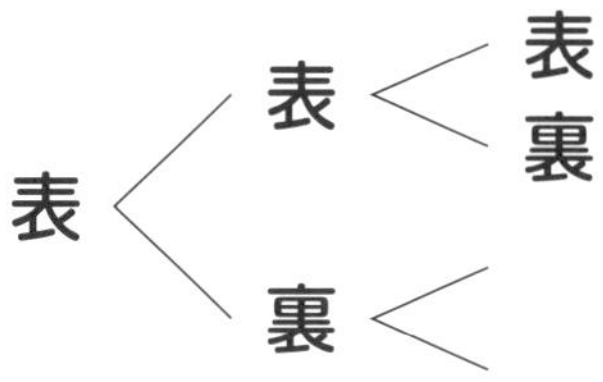

(　　　　　)

5 A地点からB地点への行き先は、何通りありますか。(後もどりはしません) (20点)

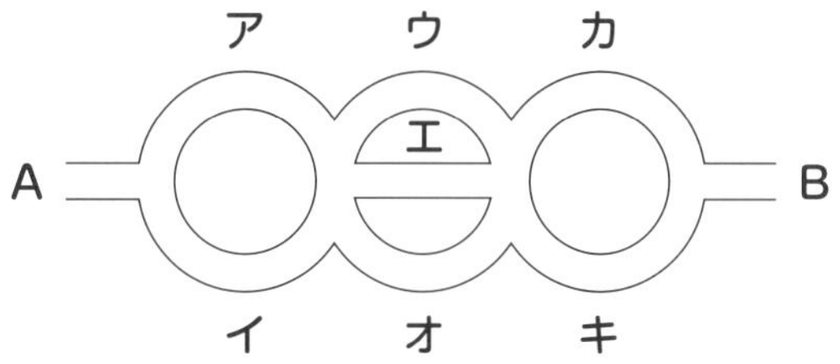

(　　　　　)

算数　　月　　日

得点　／100

16 中学校に向けて(1) 0より小さい数

温度計には、0℃より10℃低い温度を示す目もり、−10℃（マイナス10℃）があります。−10のように0より小さい数を負《ふ》の数《かず》といいます。

また、0より大きい数を正《せい》の数《かず》といい、＋をつけた＋10（プラス10）と表すことがあります。

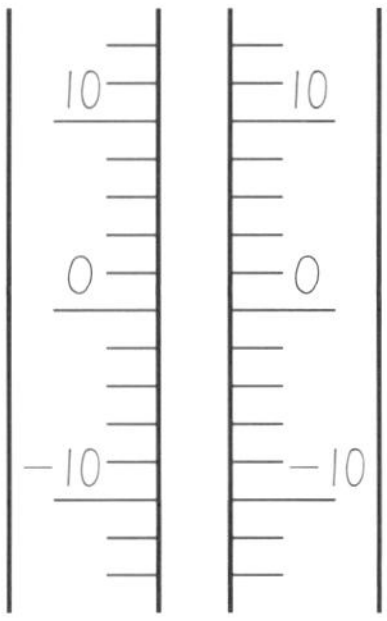

1 次の数を＋（プラス）か、−（マイナス）をつけて表しましょう。

（10点×4問）

① 0度より3度低い温度　（　　　　　　　　）℃

② 0度より3度高い温度　（　　　　　　　　）℃

③ 0より5小さい数　（　　　　　　　　）

④ 0より7大きい数　（　　　　　　　　）

2 正の数と負の数を使って答えましょう。
次の数直線の□にあてはまる数を入れましょう。

（10点×4問）

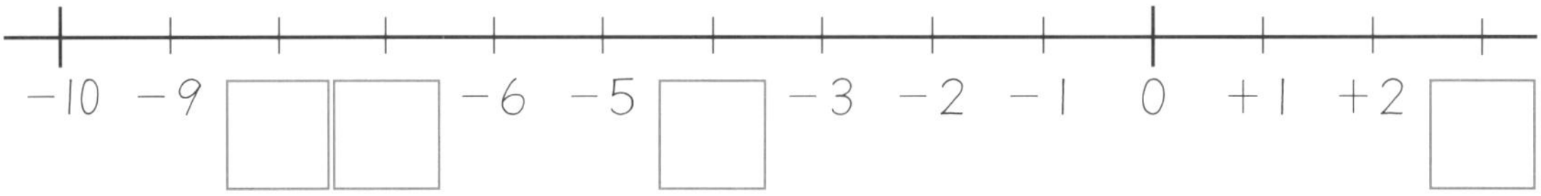

3 次の計算をしましょう。（上の数直線を参考にしましょう。）

（10点×2問）

① 5−2＝

② 2−3＝

小学校で、できなかったひき算も
中学校ではできるようになります

算数

17 中学校に向けて⑵ 文字式の表し方

／100

6年生では、縦《たて》 x cm、横5cmの長方形の面積 y cm^2 を、$x\times5=y$ と学習しました。

中学校では、次のような「決まり」を学習します。

① かけ算の記号×は省略する。 $5\times x=5x$
② 文字と数字のかけ算では、数字を文字の前にかく $x\times5=5x$
③ 文字はアルファベット順でかく。 $y\times x=xy$

つまり、$x\times5=y$ は、$5x=y$ と表します。

1 次の式を新しい文字式の決まりで表しましょう。 （10点×6問）

① $4\times x=$ $4x$　　② $10\times x=$

③ $x\times7=$　　④ $x\times y=$

⑤ $x\times3\times y=$　　⑥ $y\times x\times5=$

$2x=10$ の x の値を求めるときは、$2x=2\times x$ なので
$2\times x=10\rightarrow x=10\div2=5$　$x=5$ です

2 次の式の x の値を求めましょう。 （10点×4問）

① $2x=16$

$x=$

② $3x=18$

$x=$

③ $4x=20$

$x=$

④ $6x=48$

$x=$

理科　　月　　日　　得点　　／100

1　ものが燃えるとき

1 次の（　　）にあてはまる言葉を［　　］から選んで記号をかきましょう。

（5点×6問）

空気は（①　　）という気体が約20％と（②　　）という気体が約80％でできています。ろうそくが燃えるときには、空気中の（③　　）が使われ、代わりに（④　　）ができます。

びんの中のろうそくが燃えてびんの中の（⑤　　）が少なくなると、ろうそくの火は消えます。ちっ素や（⑥　　）は、ものを燃やすはたらきはありません。

㋐ 空気	㋑ 酸素	㋒ ちっ素	㋓ 二酸化炭素

◉何度も使う言葉もあります。

2 次の（　　）にあてはまる言葉を［　　］から選んでかきましょう。

（5点×7問）

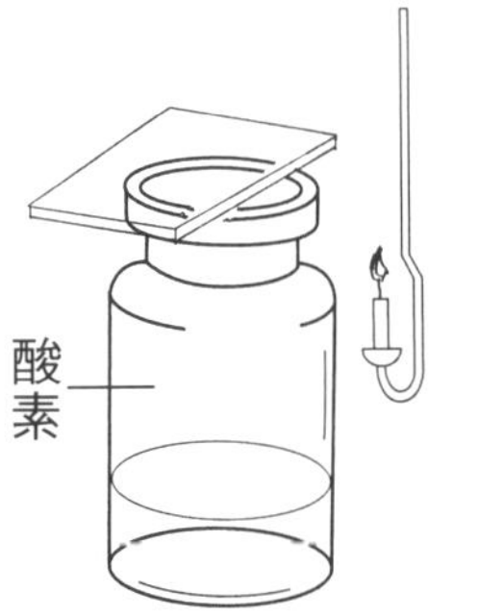

右の図のように酸素の中でろうそくを燃やしました。ろうそくは、空気中で燃やすよりも（①　　）燃えました。

燃やした後のびんに（②　　）を入れてふると、（②）は（③　　）にごりました。それは、燃えることによって（④　　）ができたからです。

このように、空気中の（⑤　　）は、ものを（⑥　　）はたらきがあります。木炭などを燃やした後も、酸素が使われて、（⑦　　）ができます。

はげしく	白く	二酸化炭素	石灰水	燃やす	酸素

◉2回使う言葉もあります。

ヒント

気体にも重さはあります。酸素１Lは約1.43g、ちっ素１Lは約1.25gです。

3 酸素、二酸化炭素、ちっ素のどれかが入ったびん①、②、③があります。

次の実験の結果からそれぞれの気体の名前を答えましょう。（５点×３問）

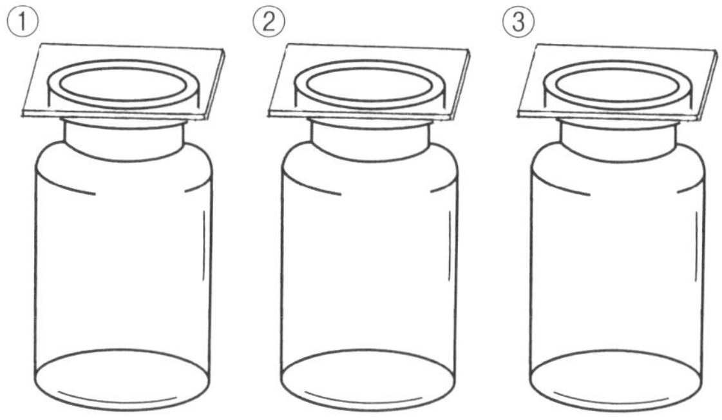

（実験１） ３つの気体の重さをはかりました。
①が一番重く、②、③は同じぐらいでした。

（実験２） 火のついたろうそくをそれぞれのびんの中に入れました。
①、②はすぐに火が消え、③は明るくかがやいて燃えました。

（実験３） **実験２**の後、びんの中に石灰水《せっかいすい》を入れてよくふりました。
①、③は白くにごり、②は変化しませんでした。

①（　　　　）　②（　　　　）　③（　　　　）

4 次の（　　）にあてはまる言葉を［　　］から選んで記号をかきましょう。（５点×４問）

(1) 空気中には、約（①　　）の酸素と、残りのほとんどをしめる（②　　）があります。

(2) 木炭を酸素の中で燃やすと、空気中と比べてよく燃えます。このとき（①　　）が使われて（②　　）ができます。

㋐ 酸素	㋑ $\frac{1}{5}$	㋒ 二酸化炭素	㋓ ちっ素

理科　月　日

2 ヒトや動物の体

得点　／100

1 次の図は、呼吸《こきゅう》についてのしくみを表しています。

文の（　　）にあてはまる言葉を［　　］から選んでかきましょう。（5点×4問）

図の㋐は（①　　　　）、㋑は（②　　　　）といいます。

㋑には、㋒のようにさらに細かいふくろのような部分があります。これを（③　　　　）といいます。

㋒のまわりには（④　　　　）という細かい血管が取り囲んでいます。

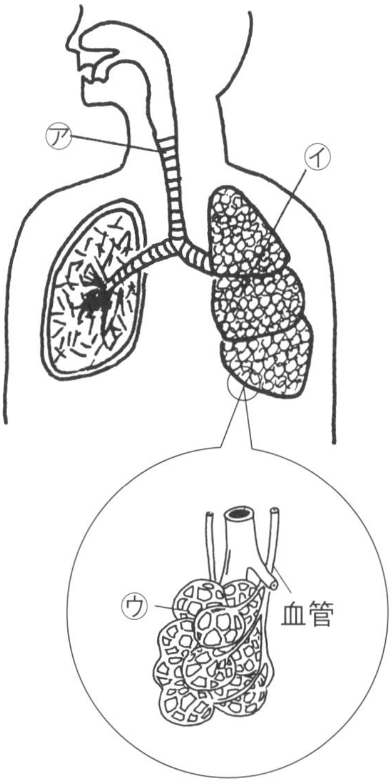

肺《はい》	肺ほう	気管	毛細血管

2 心臓《しんぞう》と血液の働きについて、次の文のうち、正しいもの4つに○をつけましょう。

（5点×4問）

① （　　） 筋肉《きんにく》の毛細血管を通っている間に血液は、まわりに酸素をあたえ、二酸化炭素を受けとっています。

② （　　） 静脈《じょうみゃく》を通ってきた血液は、心臓を経て、肺に運ばれ、そこで二酸化炭素と酸素をとりかえます。

③ （　　） 心臓から全身へ送り出される血液は、酸素をたくさんふくんでいます。

④ （　　） 心臓から出ていく血液が通る血管を静脈といいます。

⑤ （　　） 脈はく数は、心臓からはなれるにつれて減ります。

⑥ （　　） 心臓がのびたりちぢんだりすることで脈はくができます。

ヒント

じん臓《ぞう》は、体内の不要なものを尿《にょう》として外へ出します。背骨《せぼね》の両側に一対《いっつい》あります。

3 次の動物のうち、肺呼吸するものには○、えら呼吸するものに×をつけましょう。

（4点×5問）

① フナ（　　）　② クジラ（　　）　③ ウサギ（　　）

④ イヌ（　　）　⑤ サメ（　　）

4 次の文の（　　）にあてはまる言葉を［　　］から選んでかきましょう。

（5点×8問）

ヒトの心臓の大きさは、（①　　　　　）ぐらいあります。血液を送り出すときの動きが、血管に伝わり、手首などでも（②　　）となって現れます。心臓には（③　　）つの部屋があり、一つは、正面から見て右側に（④　　）から血液が入ってくる部屋と、（⑤　　）に血液を送り出す部屋があり、もう一つは正面から見て左側に（⑤）から血液が入ってくる部屋と、（④）に血液を送り出す部屋があります。部屋と部屋の間には（⑥　　　）があり、血液の逆流を防ぎます。また、心臓から血液を送り出している血管を（⑦　　　）、全身から心臓にもどってくる血管を（⑧　　　）といいます。

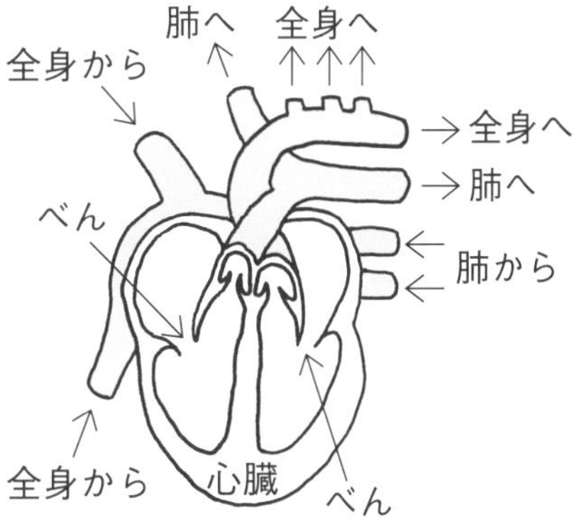

心臓を正面から見たところ

動脈	静脈	にぎりこぶし		
脈はく	全身	肺	べん	4

理科　　　月　　日

3　植物の養分と水の通り道

得点　　／100

1　次の（　　）にあてはまる言葉を［　　］から選んでかきましょう。

（5点×8問）

(1)　図のように、日光があたって葉にできた（①　　　　　）は、植物のいろいろな部分に運ばれます。

（①）は水に（②　　　　　）。（①）は植物の成長に使われたり、（③　　　　）・種・くき・根などにたくわえられたりします。

このように（④　　　　）の葉をもつ植物は、（⑤　　　　）で、養分をつくり、自分の栄養として使ったり、果実やいもなどとしてたくわえたりします。

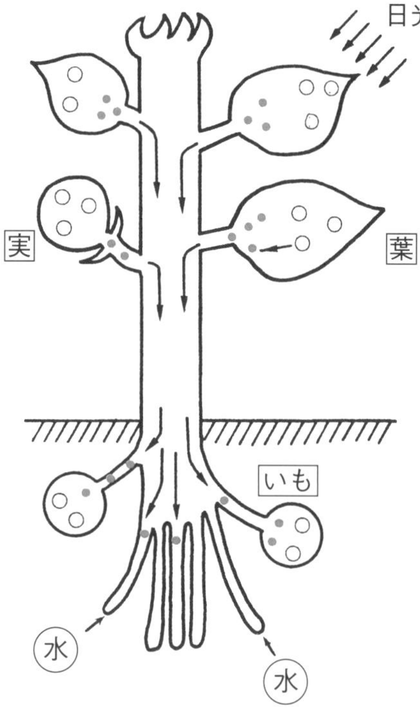

でんぷん　　果実　　緑色　　葉　　とけません

(2)　植物は、日光をたくさん受けるために競争をしています。他の植物ととなりあわせで生きる植物は、葉を広げる（①　　　　）をずらしたり、（②　　　　）を長くして他の植物より上にのびたりします。クズやカラスノエンドウなど（③　　　　）のある植物は、他の植物にまきつき、その上に自分の葉を広げます。

くき　　つる　　時期　　根

人間は呼吸《こきゅう》をします。人間以外の動物も呼吸します。植物も呼吸します。

2 次の（　　）にあてはまる言葉を［　　］から選んでかきましょう。

（6点×5問）

植物を食紅《しょくべに》で色をつけた水に入れ、数時間おきます。

くきの一部を切りとり、縦《たて》に切ったものは（①　　　　）に、横に切ったものは（②　　　　）に（③　　　　）くそまっていました。これが（④　　　　）の通り道です。さらに、葉を調べると、葉も（⑤　　　　）くそまっていました。

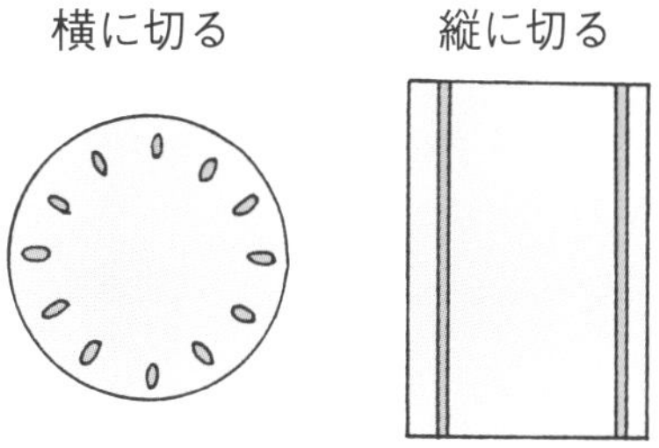

赤	赤	縦	横	円形	水

3 次の図のようにビーカーにとりたての葉を入れて、ビニールをかぶせ、暗い部屋に置きました。後の問いに答えましょう。（10点×3問）

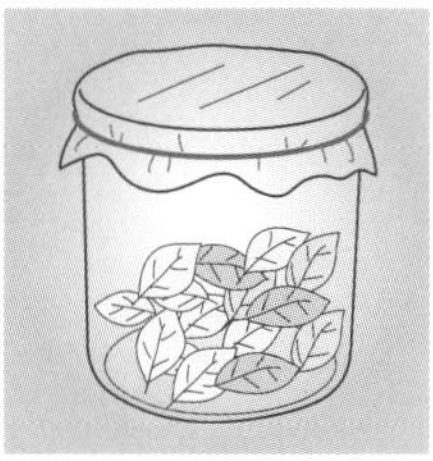

(1) 数時間後、ビーカーの中の空気を注射器《ちゅうしゃき》で吸《す》い、石灰水《せっかいすい》の中に入れてみました。石灰水はどうなりますか。次の中から選びましょう。

① 白くにごる　② 変化なし　③ 青むらさきになる

（　　　　）

(2) 実験より、ビーカーの中の空気に何が増えたことがわかりますか。

（　　　　　　）

(3) これを「植物の○○」といいます。漢字２字で書きましょう。

植物の［　　｜　　］

理科　　月　　日

得点　／100

4 月と太陽

1 次のようにボールと電灯を使って実験をしました。

〈実験〉 ①　暗くした部屋に、円形に8個のボールを置き、一方向から電灯を照らし、光をあてました。

②　観察者は円の中心から観察します。円の中心が地球の位置を表します。8個のボールは地球の周りを回る月に見立て、電灯は太陽の代わりです。

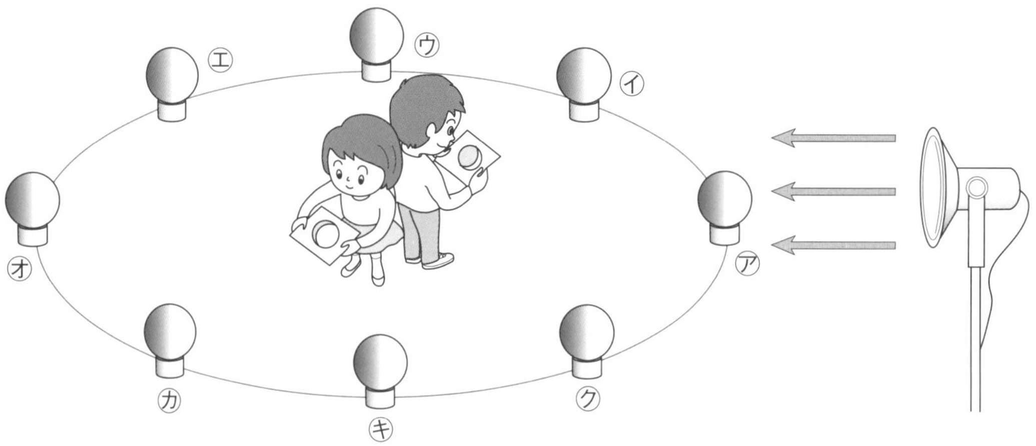

ボールの見える形を観察してカードにかきました。次のカードは図のア～クのどの位置のものですか。記号をかきましょう。　（5点×8問）

①（　　）

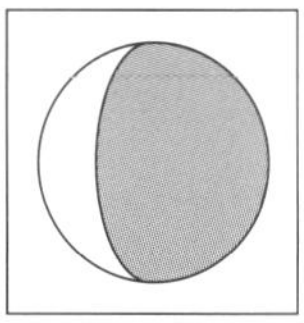

②（　　）

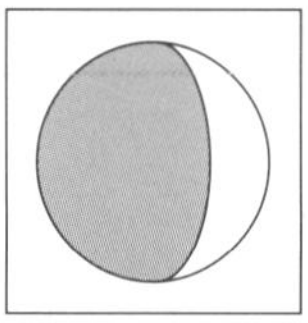

③（　　）

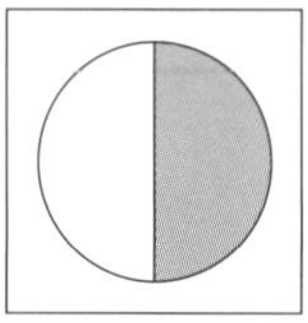

④（　　）

⑤（　　）

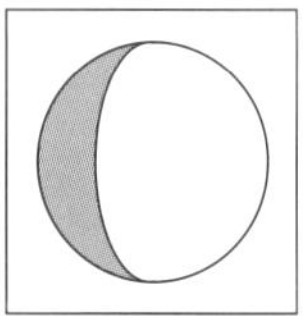

⑥（　　）

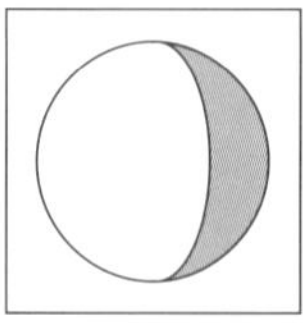

⑦（　　）

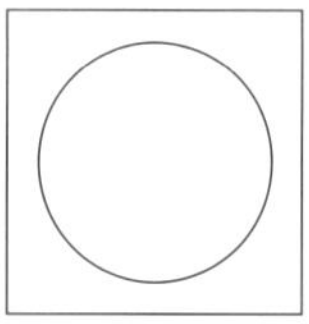

⑧（　　）

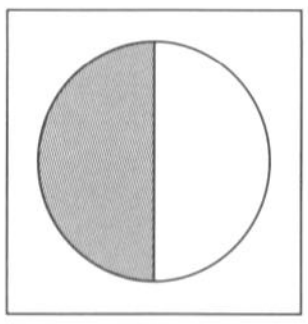

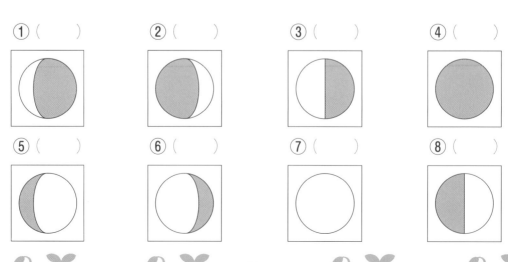

ヒント

「月月に　月見る月は　多けれど　月見る月は　この月の月」といわれるこの月の月は、九月の十五夜の満月です。（昔のこよみの８月15日。中秋の名月）

2 次の文は、月、太陽のことについてかいています。

月についてかかれたものは○、太陽についてかかれたものは△、どちらにもあてはまらないのもには×をつけましょう。（４点×15問）

①（　　）　クレーターと呼《よ》ばれる円形のくぼみがあります。

②（　　）　表面の温度は約6000℃あります。

③（　　）　表面の温度は、明るいところが約100℃で、暗いところは、約－180℃になります。

④（　　）　表面は岩石や砂《すな》でできています。

⑤（　　）　衛星の仲間です。

⑥（　　）　直径は約3500kmで、地球の $\frac{1}{4}$ の大きさです。

⑦（　　）　たえず強い光を出しています。

⑧（　　）　気体でできた星です。

⑨（　　）　こう星の仲間です。

⑩（　　）　わく星の仲間です。

⑪（　　）　地球のまわりをまわっています。

⑫（　　）　黒点と呼ばれる部分があります。

⑬（　　）　水のたまった海があります。

⑭（　　）　地球の約109倍の大きさです。

⑮（　　）　地球からのきょりは光速で約８分20秒かかります。

5 大地のつくりと変化

1 次の（　）にあてはまる言葉を［　］から選んでかきましょう。（5点×8問）

水の流れているところに、小石・砂《すな》・ねん土を流すと（①　　　）は、すぐ底に積もります。（②　　　）は、さらに流され積もります。（③　　　）は、なかなかしずまないで、遠くまで運ばれます。

こう水などで、川の流れの（④　　　）や（⑤　　　）が変化すると、小石・砂・ねん土などの（⑥　　　）が変わります。

このようなことがくり返されて、長い年月の間に（⑦　　　）が、湖や（⑧　　　）の底にできます。

水量	小石	砂	ねん土
速さ	しずむ場所	海	地層《ちそう》

2 次の図を見て答えましょう。（5点×2問）

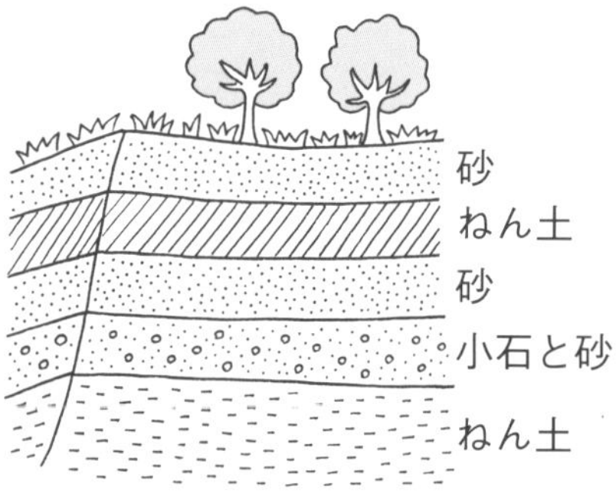

(1) 図のように、砂やねん土の層が積み重なって、できるもようを何といいますか。

（　　　　）

(2) このがけの小石や砂は、角がとれて丸みをおびていました。このことからいえることに、○をつけましょう。

①（　　）この小石や砂は、海や湖の底に積もったもの。

②（　　）この小石や砂は、火山のふん火でできたもの。

3 木の葉や動物の形が残った石が見つかることがあります。これを何といいますか。（5点）

（　　　　）

ヒント

1995年１月17日の阪神《はんしん》・淡路大震災《あわじだいしんさい》では、震源地《しんげんち》の淡路の野島断層《のじまだんそう》は右横に最大約２ｍも横ずれしました。

4 次の文は、貝の化石ができて、それが陸上の地層で見つかるまでのことを説明しています。正しい順にならべましょう。 (15点)

㋐ まわりから大きな力で地層がおし上げられ、地上に出た。

㋑ １億年以上もの昔、貝の仲間がたくさん海の中に住んでいた。

㋒ 長い年月の間に、小石や砂が積み重なって地層ができ、貝の死がいが化石になった。

㋓ 貝の死がいの上に、水に流された砂やねん土が積もった。

㋔ 切り通しがつくられ、貝の化石が地層の中に見つかった。

	→		→		→		→	

5 次の文は、火山活動や地震《じしん》についてかかれたものです。正しいものには○、まちがっているものには×をつけましょう。 (５点×６問)

① (　　) 海底で起こった地震のときは、津波《つなみ》が発生すこともあります。

② (　　) 火山のふん火で出る火山灰《かざんばい》が地層のほとんどをつくります。

③ (　　) 北海道の昭和新山《しょうわしんざん》は、ふん火によって、とつぜん地面が盛《も》り上がってできた山です。

④ (　　) 地震はなまずという魚が起こします。

⑤ (　　) 地震によってできる大地のずれのことを断層といいます。

⑥ (　　) 鹿児島県の桜島は、もともと陸つづきでしたが、ふん火と地震によって、陸からはなれて島となりました。

理科　月　日　得点　／100

6 水よう液の性質

1 次の文のうち、正しいものには○、まちがっているものには×をつけましょう。（7点×6問）

①（　　）アルカリ性の水よう液は、すべて固体がとけてできています。

②（　　）酸性の水よう液は、すべて気体がとけてできています。

③（　　）水よう液が酸性かどうかは、青色リトマス紙だけでも調べることができます。

④（　　）水よう液が中性かどうかは、赤色リトマス紙だけでは調べることができません。

⑤（　　）リトマス紙を箱からとり出すときは、手で１枚《まい》ずつとり出します。

⑥（　　）リトマス紙に、ガラス棒《ぼう》で液をつけるとき、ガラス棒を使うたびに水で洗《あら》い、かわいた布でふきとります。

2 次の図のように、試験管にうすい塩酸を入れ、アルコールランプで加熱しました。
後の問いに答えましょう。（10点×３問）

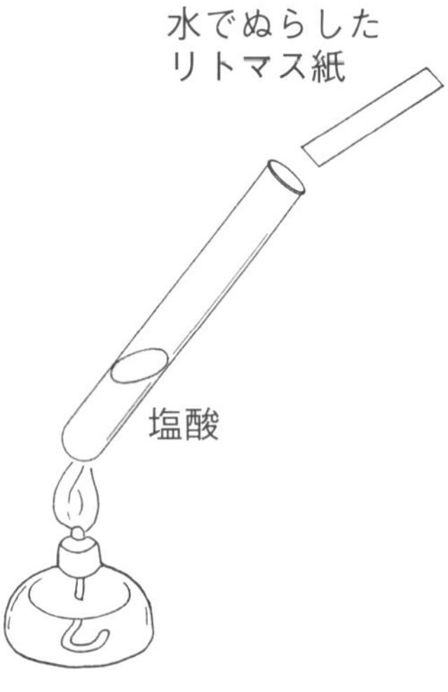

(1) 試験管の口に水でぬらした青色リトマス紙を近づけました。リトマス紙はどうなりますか。

（　　　　　　　　　　　　）

(2) 試験管の口に水でぬらした赤色リトマス紙を近づけました。リトマス紙はどうなりますか。

（　　　　　　　　　　　　）

ヒント
水や湯にとかした紅茶《こうちゃ》は水よう液です。どろ水は容器に入れておくと、下に砂《すな》や土がたまるので水よう液ではありません。

(3) 加熱し続けると、試験管の中はどうなりますか。正しいものに○をつけましょう。

① (　　) 試験管の中はなにも残らない。

② (　　) 試験管の中に白いつぶが残る。

3 6本の試験管に2本ずつ、塩酸、水酸化ナトリウム水よう液、食塩水を入れました。

図のようにアルミニウム片《へん》とスチールウールを入れると、次の表のような結果になりました。(7点×4問)

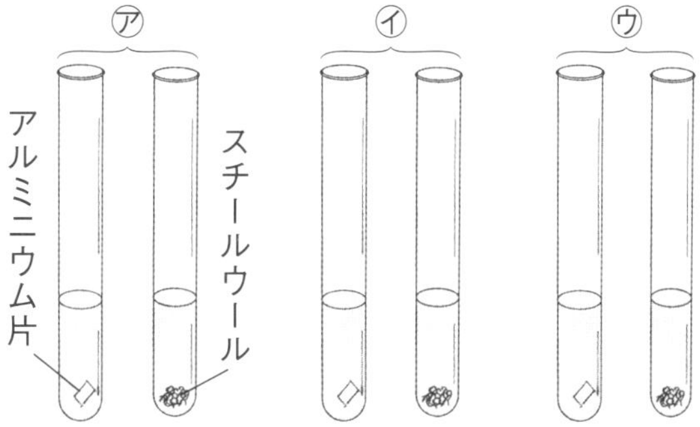

	アルミニウム片	スチールウール
㋐	とけない	とけない
㋑	とけた	とけた
㋒	とけた	とけない

(1) この表から、㋐、㋑、㋒の液の名前を答えましょう。

㋐ (　　　　　　　　) ㋑ (　　　　　　　　)

㋒ (　　　　　　　　)

(2) アルミニウム片をとかした㋑の液を蒸発皿《じょうはつざら》にとって加熱しました。後に何が残りますか。正しいものを選び、○をつけましょう。

① (　　) 白い粉が残った。

② (　　) 黒い粉が残った。

③ (　　) 何も残らなかった。

理科　　月　日

7 てこのしくみとはたらき

得点　／100

1 次の図のように、長い棒《ぼう》を使って重い石を動かします。（5点×6問）

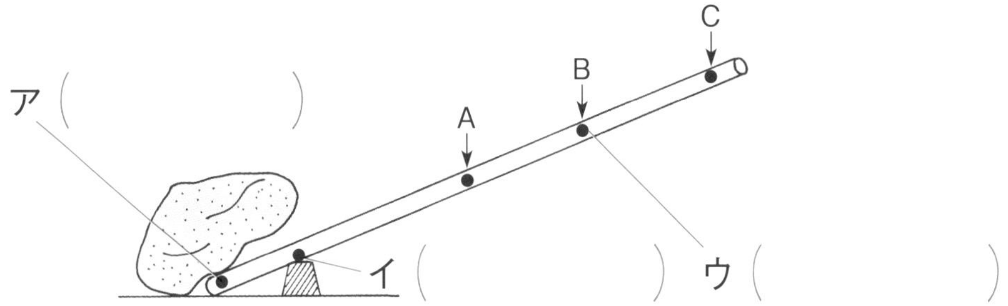

(1) **ア〜ウ**は、それぞれ何といいますか。（　　）に名前をかきましょう。

(2) **A〜C**のどこをおすと、一番小さい力で石を動かせますか。（　　）

(3) 棒をこのように使うことを何の利用といいますか。

（　　　　　）の利用

2 棒をてことして使って、砂《すな》の入ったふくろを持ち上げるときの手ごたえを比べました。後の問いに答えましょう。（5点×4問）

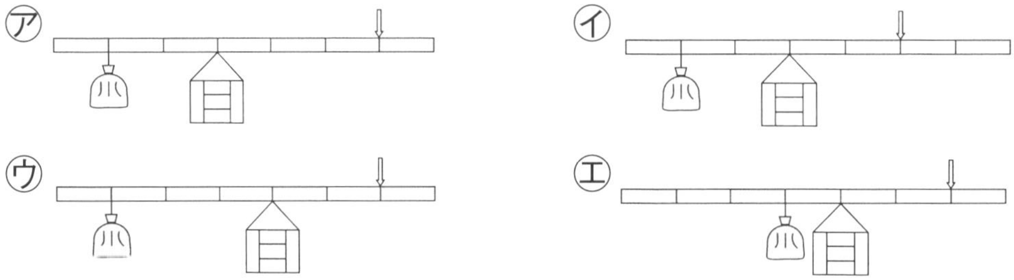

(1) 作用点・支点・力点の位置を変えたとき、手ごたえのちがいを調べるには、図の㋐〜㋓のどれとどれを比べますか。

① 支点を変えたとき（　　と　　）

② 力点を変えたとき（　　と　　）

③ 作用点を変えたとき（　　と　　）

(2) ㋐〜㋓の中で、一番手ごたえが小さいのはどれですか。（　　）

ヒント

人の力には限りがあるので、小さい力を大きな力に変える道具は、とても便利です。

3 てこはつりあっています。(　　)に重さやきょりをかきましょう。

（5点×2問）

(1)

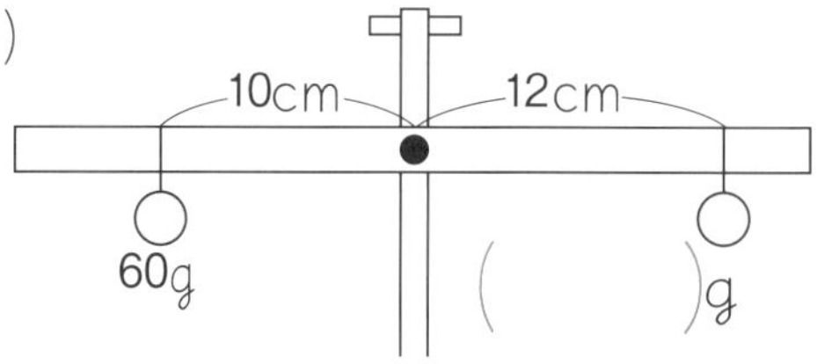

(2)

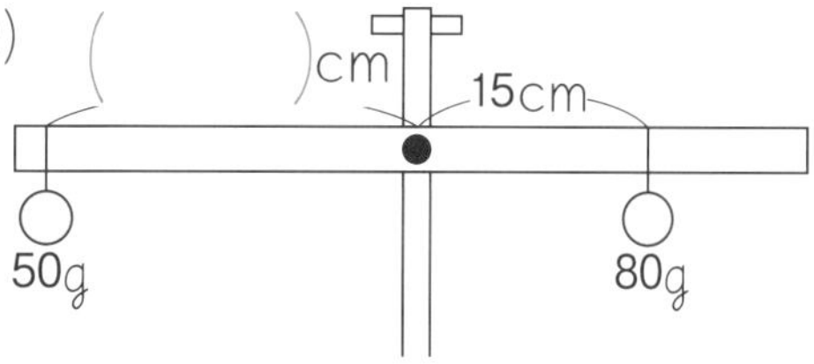

4 次の図のように、実験用てこがつりあっているとき、(　　)は何gになりますか。

（5点×6問）

①

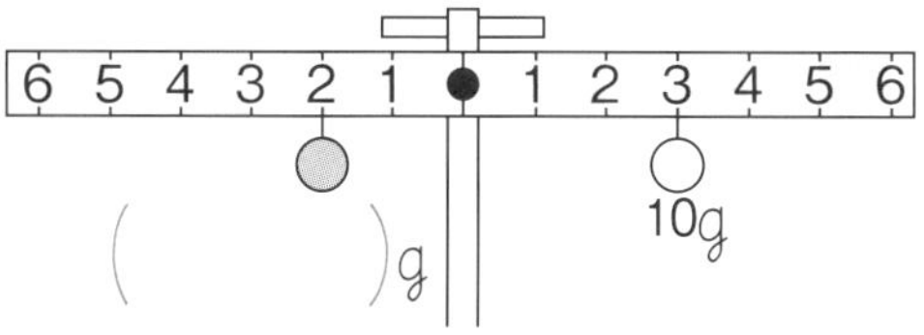

②

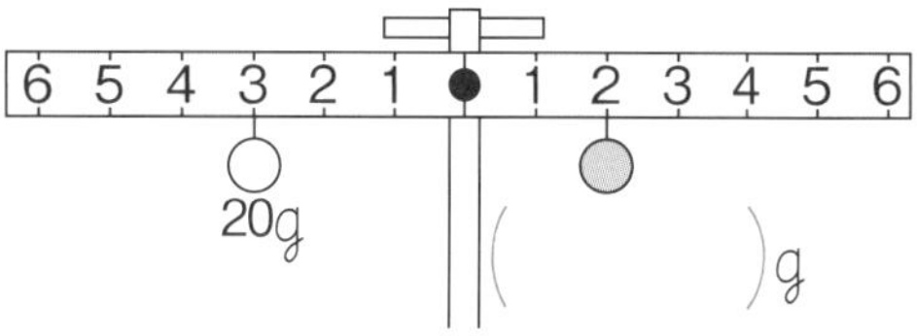

③

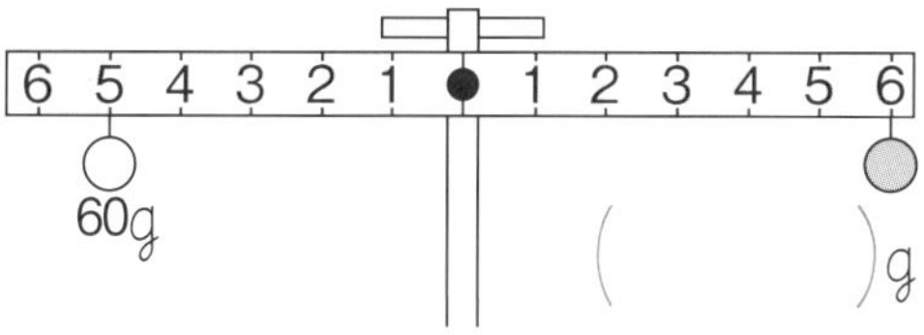

④

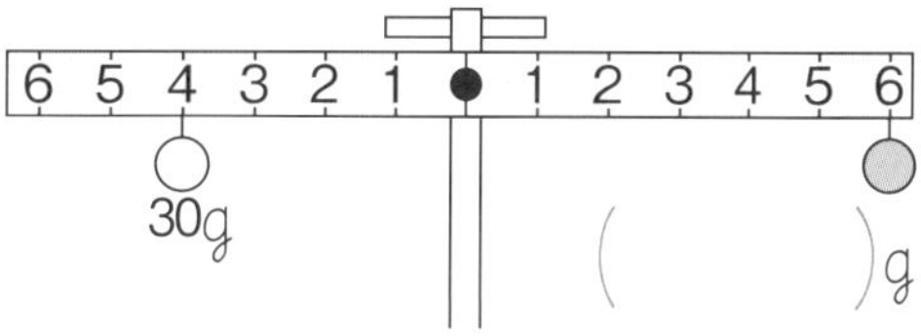

⑤

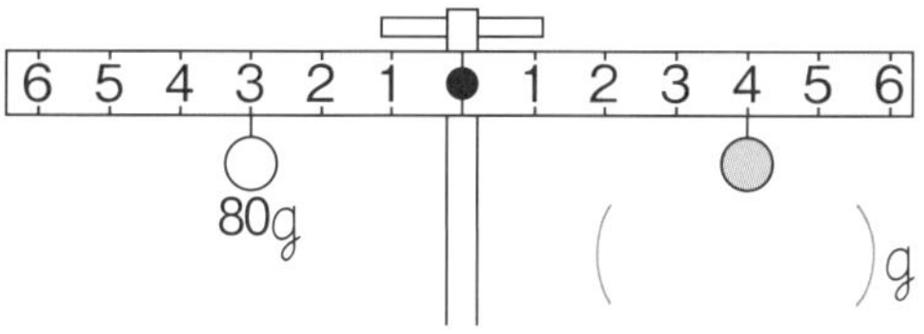

⑥

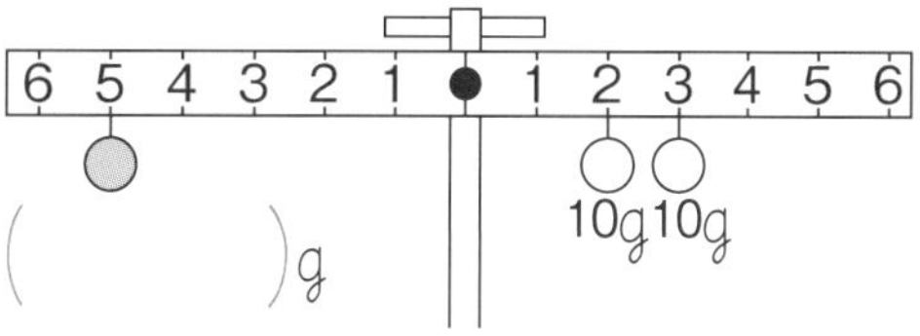

5 てこを利用している道具について調べました。支点には支、力点には力、作用点には作を○の中にかきましょう。

（5点×2問）

① 和ばさみ

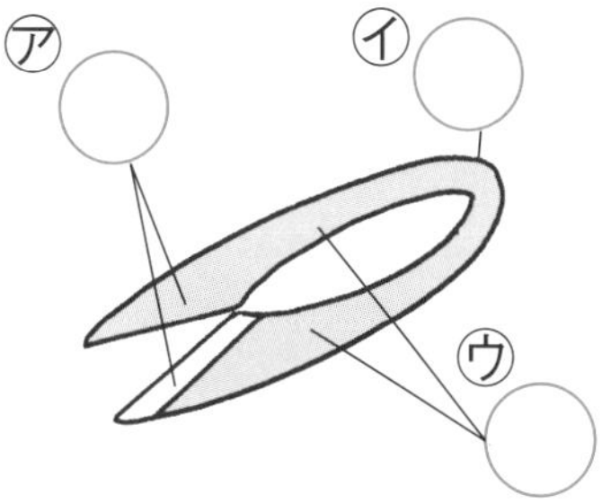

② カッター

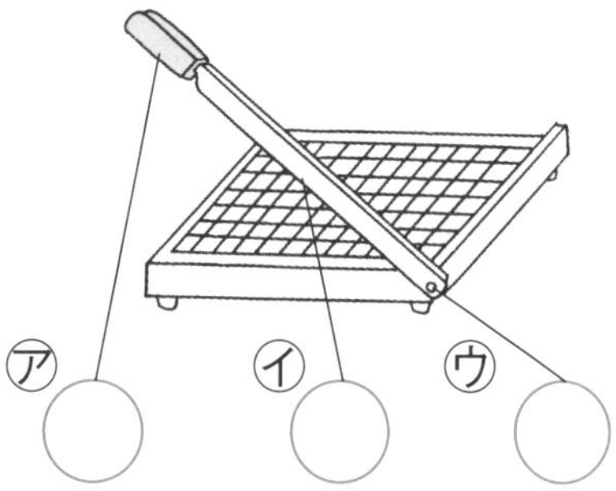

理科　　月　　日　　得点　／100

8 電気の利用 (1)

1 次の図は、モーターを利用した手回し発電機の発電部分です。後の問いに答えましょう。

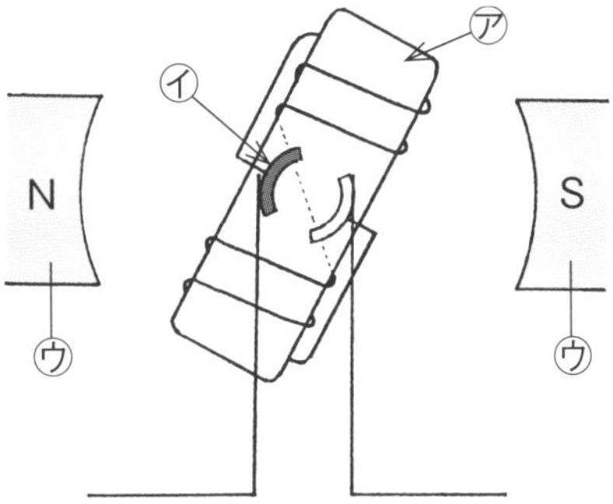

(1) ア～ウの部分の名前を□から選んでかきましょう。 （5点×3問）

ア（　　　　）　イ（　　　　）　ウ（　　　　）

回転子	永久磁石《じしゃく》	整流子

(2) 図の回転子を速く回すと発電量は多くなりますか、少なくなりますか。 （5点）

（　　　　）

(3) 回転子を逆方向に回すと、流れる電流の向きはどうなりますか。（5点）

（　　　　）

(4) (3)の内容を確かめるために、どんな器具を使えばよいですか。次の中から１つ選び、○をつけましょう。 （10点）

① （　　） モーター　② （　　） 電球

③ （　　） 電熱器　④ （　　） ブザー

(5) 図の回転子をコイルのまき数の多いものにとりかえました。電気の強さはどうなりますか。正しいものに○をつけましょう。 （5点）

① （　　） 強くなる　② （　　） 変わらない　③ （　　） 弱くなる

ヒント

発光ダイオードはＬＥＤ《エルイーディー》（ライト　エミティング　ダイオード）とも呼《よ》ばれています。ふつうの電球よりも長持ちします。

2 次の器具は、電気の実験に使うためのものです。（5点×12問）

①

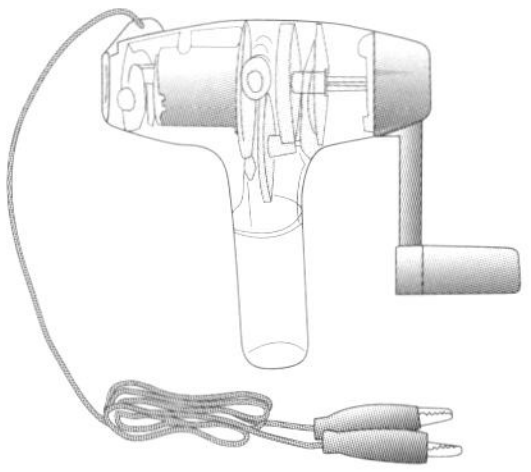

（　　　　）

②

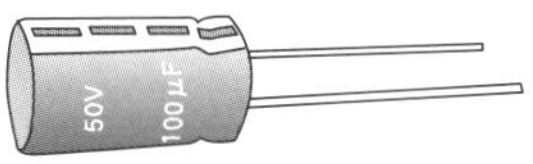

（　　　　）

③

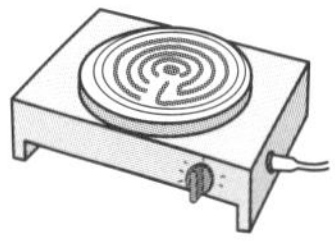

（　　　　）

④

（　　　　）

⑤

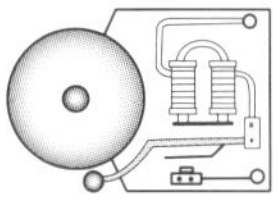

（　　　　）

⑥

（　　　　）

(1) それぞれの器具の名前を［　　］から選んでかきましょう。

発光ダイオード	電熱器	手回し発電機
電球	コンデンサー	ベル

(2) 発電するための器具はどれですか。番号をかきましょう。（　　）

(3) ちく電する器具はどれですか。（　　）

(4) 電気を利用して音を出す器具はどれですか。（　　）

(5) 電気を光に変える器具はどれですか。（　　）（　　）

(6) 電気を熱に変える器具はどれですか。（　　）

月　日

得点

9 電気の利用 (2)

／100

1 光電池にあたる光を強くする方法を考えています。(　　)にあてはまる言葉を[　　]から選んでかきましょう。 (5点×4問)

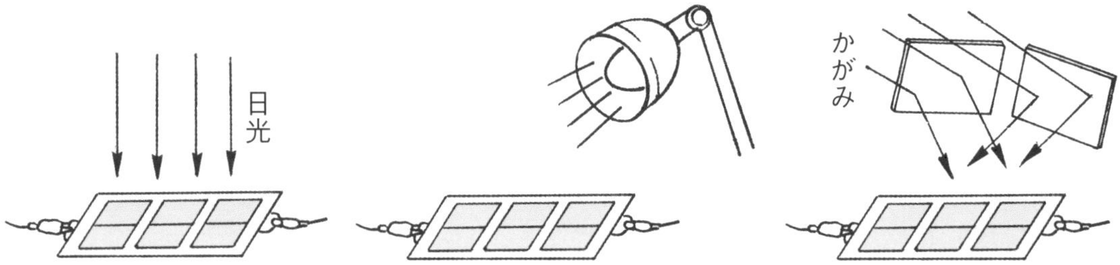

光を強くするには、日光が光電池に(①　　　　)にあたるようにします。日光のかわりに(②　　　　)の光を(③　　　　)ても強くなります。

2まいの鏡《かがみ》ではね返した光を(④　　　　)光電池にあてても強くなります。

重ねて	直角	近づけ	電気スタンド

2 図のような回路を作り、電気を通すとモーターが回るようにしました。 (10点×3問)

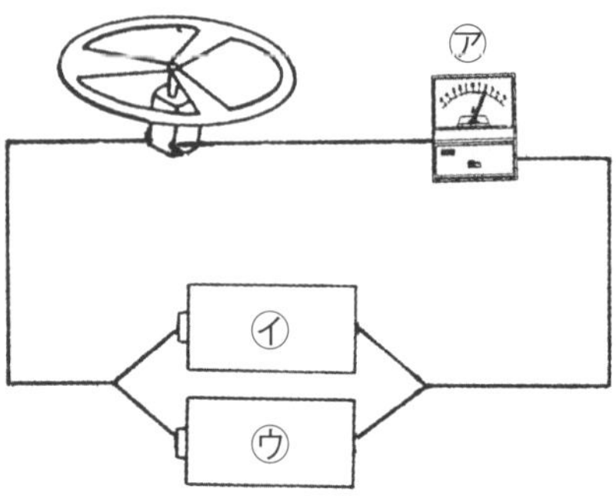

(1) ㋐の器具の名前をかきましょう。

(　　　　　　)

(2) ㋐は何を調べるものですか。2つかきましょう。

(　　　　　　)(　　　　　　)

ヒント

電池には、かん電池、ちく電池、水銀電池、アルカリ電池、太陽電池、原子力電池などがあります。

3 次の（　　）にあてはまる言葉を［　　］から選んでかきましょう。

（5点×10問）

(1) 図は、風力発電のしくみを表したものです。

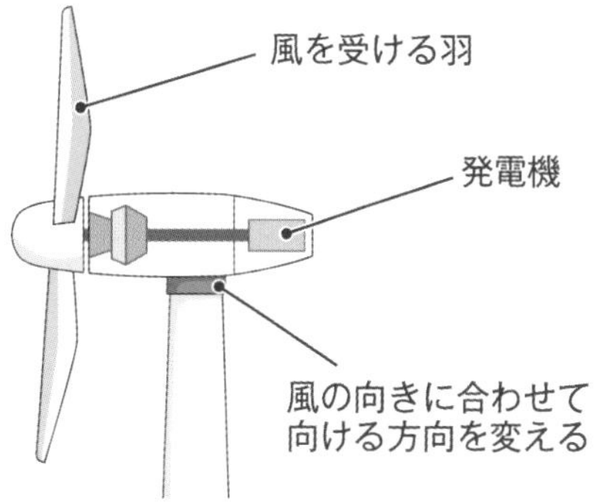

風力発電は、（①　　　　）が風車にあたり、中の発電機が回ることで（②　　　　）します。

風が弱いと、発電量が（③　　　　）なるため、風が強くふく海岸や（④　　　　）などに、風車が多く建てられます。風力発電は、燃料を使わず、（⑤　　　　）の力を利用する発電方法です。

山	自然	風	発電	少なく

(2) 図は、火力発電のしくみを表したものです。

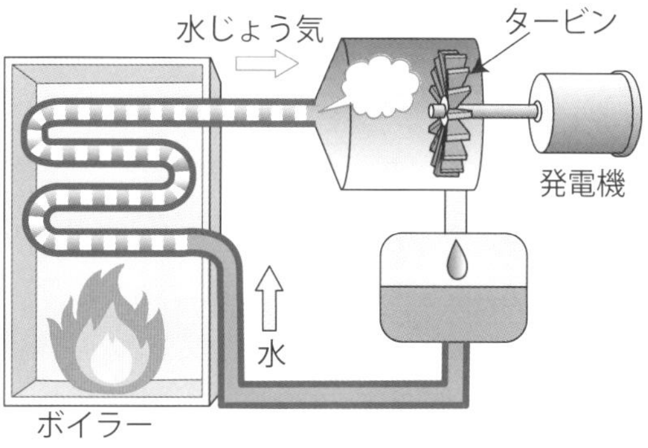

火力発電は、（①　　　　）や石炭などで（②　　　　）を熱して（③　　　　）にし、その力で（④　　　　）を回転させて、（⑤　　　　）します。

水蒸気	タービン	石油	発電	水

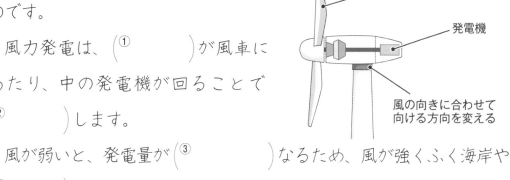

理科　　月　　日　　得点　　／100

10 生物と環《かん》境《きょう》（1）

1 次の（　　）にあてはまる言葉を［　　］から選んでかきましょう。
（5点×10問）

(1) 動物は、空気と（①　　　）がなければ、生きていくことができません。空気中の（②　　　）を体内にとり入れ、体内でできた（③　　　　　　）を体外に出す（④　　　）をしています。これは植物も同じです。

植物は、根から吸《す》い上げた水と空気中からとり入れた（③）とで葉の（⑤　　　）の部分で、光のエネルギーを使って（⑥　　　）をつくります。このときにできる（⑦　　　）を空気中に放出します。

酸素	二酸化炭素	でんぷん	緑色
水	呼吸《こきゅう》	◉２度使用する言葉もあります。	

(2) 植物がかれたものや、動物のふんや死がいは、くさって、土の中の（①　　　）となります。これを植物が根から吸い上げ、植物の成長に使います。

草食動物は、草などの（②　　　）を食物としてとります。

ヒトや肉食動物は、（②）のほかに（③　　　）を食物としてとります。その栄養は、もとをたどれば（②）がつくったものなのです。

養分	植物	動物

ヒント

生物には、水と酸素と栄養が必要です。水・酸素・栄養の体内のとり入れ方は同じではありません。

2 次の（　　）にあてはまる言葉を［　　］から選んでかきましょう。

（5点×5問）

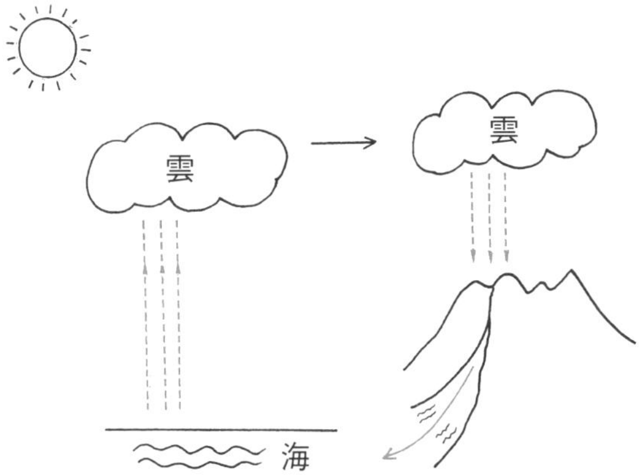

次の図は水のじゅんかんを表しています。太陽の光を受けて海水が（①　　　　）となって空気中に出ていきます。

（①）は上空で冷やされて（②　　　　）となり、移動して地上に（③　　　　）を降《ふ》らせます。降った（③）は土の中にしみこんだりしますが、やがて（④　　　　）となって流れていき、湖や（⑤　　　　）にたどり着きます。

水蒸《すいじょう》気《き》　雨　海　雲　川

3 次の文のうち、正しいものには○、まちがっているものには×をつけましょう。

（5点×5問）

①（　　）動物の進化の道すじは、水の中からはじまりました。

②（　　）地球は森が多く、「緑のわく星」ともいわれています。

③（　　）人間の血液には、多くの水がふくまれています。

④（　　）肉食動物は、自然界の植物がなくても生き続けられます。

⑤（　　）すべての生物は水なしでは生きていけません。

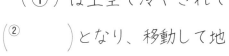

理科　　月　日

11 生物と環《かん》境《きょう》(2)

得点　　／100

1 次の(　　)にあてはまる言葉を［　　］から選んでかきましょう。
（4点×10問）

わたしたちが住んでいる地球は(①　　　　)の光を浴び、(②　　　　)の層《そう》でつつまれ、豊かな(③　　　)にめぐまれています。海にも陸にもたくさんの(④　　　　)が、たがいにかかわりあいながら生きつづけています。

これまでは、(⑤　　　　)以外に生物が生きつづけている星は見つかっていません。このかけがえのない(⑤)で生物が生き続けるためには、(⑥　　　　)を守らなければなりません。

地球をとりまく環《かん》境《きょう》問題の中には、森林ばっ採《さい》によって広がる(⑦　　　　　)の問題、二酸化炭素のはい出量が多くなり地球の温度が上がる(⑧　　　　　)の問題、空気中に増えるちっ素酸化物が雨にとける(⑨　　　　　)の問題、エアコンや冷《れい》蔵《ぞう》庫《こ》などに使われていたフロンガスなどによる(⑩　　　　　　　　)の問題などがあります。

電気のスイッチを小まめに切ったり、石油などの燃料にたよらないエネルギーを利用したり、水の使用量を減らしたりすることは、わたしたちにできる大切なことです。

太陽	生物	大気	水	地球	自然	酸性雨
温《おん》暖《だん》化《か》	砂《さ》ばく化	オゾン層《そう》の破かい				

ヒント

「天災地変」は昔からありましたが、このごろは「人災地変」が増えています。

2 生き物のかかわり合いの図を見て、後の問いに答えましょう。

（5点×12問）

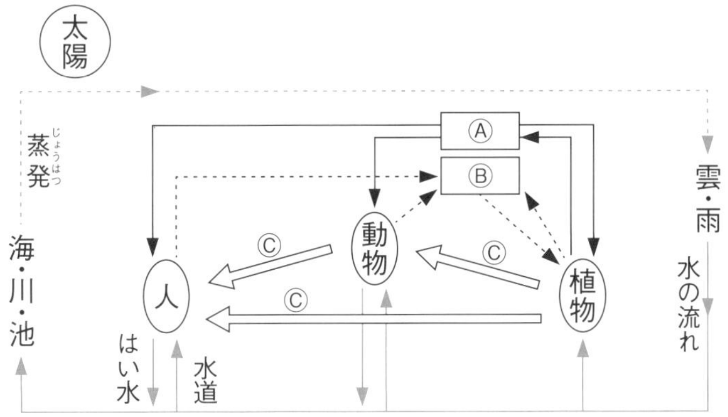

(1) ① Ⓐと Ⓑの気体の名前をかきましょう。

（Ⓐ　　　　　　）（Ⓑ　　　　　　）

② Ⓒの矢印は、何の流れを表しているでしょう。

（　　　　　　）

③ 図より、水がないと生きられない生き物をすべてかきましょう。

（　　　　　）（　　　　　）（　　　　　）

(2) 次の文のうち、正しいことには○、まちがっていることには×をつけましょう。

① （　　） 風のはたらきだけで水がじゅんかんしている。

② （　　） 太陽は、水の流れに関係している。

③ （　　） 生き物が生きていくためには水が必要である。

④ （　　） 水がよごれると、雲までよごれてしまう。

⑤ （　　） 水はいくらよごれても海できれいになる。

⑥ （　　） 水の流れによって、環境が一定に保たれている。

社会　　月　　日　　得点

1 わたしたちの生活と政治

／100

1 次の図を見て、後の問いに答えましょう。答えは［　　］から選んでかきましょう。
（5点×12問）

	国会	
（①）院		（②）院
465人	議員数	248人
［③］年	任期	［④］年
ただし、解散のときは任期中でも資格を失う	任期	3年ごとに半数ずつ改選する
［⑤］才以上	選挙権	［⑥］才以上
［⑦］才以上	被《ひ》選《せん》挙《きょ》権《けん》	［⑧］才以上
ある	解散	ない

国会の構成

(1) 図の①～⑧にあてはまる言葉や数字をかきましょう。

①		②	
③		④	
⑤		⑥	
⑦		⑧	

(2) どちらの議院にも行き過ぎがないかをチェックするために、国会は2つの議院からできています。このことを何といいますか。

［　　　　］

(3) 国会の仕事の中で、一番重要なことは何で、そのことを何といいますか。

［①　　　］をつくること。⟶［②　　　］

(4) 国会は、主権《しゅけん》者である国民によって選挙された代表で構成されています。このことから国会は、国の何機関といわれていますか。

［　　　　］機関

参議　衆議　4　6　18　25　30
最高　法律《ほうりつ》　立法　二院制　（◉2回使う言葉もあります。）

日本の有権者数は、約１億600万人です。（2017年）
2016年から選挙権は20才から18才に変わりました。

2 次の図は、国の政治を行う３つの機関の関係を表しています。

（４点×10問）

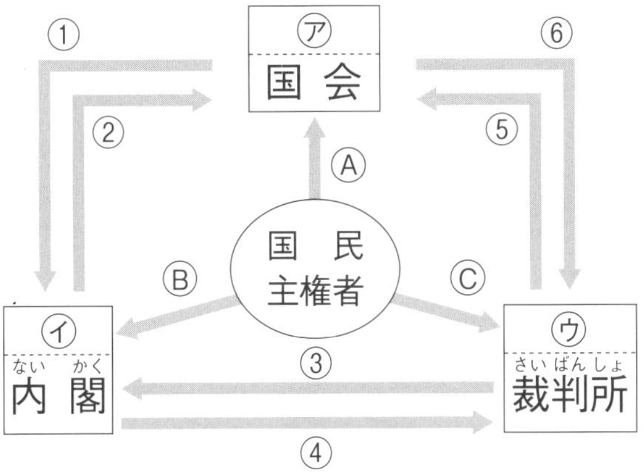

(1) 図の㋐～㋒は、司法、行政、立法のどの仕事をしていますか。

㋐	
㋑	
㋒	

(2) このように国の重要な役割《やくわり》を分担《ぶんたん》することを何といいますか。

[　　　　]

(3) 図のⒶ～Ⓒにあてはまる言葉を、[　　]から選んでかきましょう。

Ⓐ		Ⓑ		Ⓒ	

国民審査《しんさ》　　選挙　　世論《せろん》（よろん）

(4) 図の③、⑤、⑥を説明しています。
次の文の[　　]にあてはまる言葉を、[　　]から選んでかきましょう。

- ③は、政治が[　　　　]違反《いはん》でないか審査《しんさ》する。
- ⑤は、[　　　　]が憲法に違反していないか審査する。
- ⑥は、裁判官をやめさせるかどうか[　　　　]をする。

憲法
裁判
法律

社会　　月　　日　　得点　　／100

2 世界の中の日本

1 次の世界地図を見て、国の名前を　　　　から選んでかきましょう。

（10点×４問）

日本とつながりが深い国

ア　お茶や漢字など、さまざまな文化を日本に伝えた。
日本の第一位の貿易相手国。

イ　日本に一番近い国。儒教の教えを大切にする。
近年、音楽などの文化交流がさかん。

ウ　政治、経済、文化、産業など世界に大きなえいきょう力を持つ国。
さまざまな民族や人種が集まる多文化社会。

エ　輸出品の約90%が石油関連。国土の大部分がさばく。
イスラム教のメッカがある。

ア		イ	
ウ		エ	

アメリカ合衆国　大韓民国　サウジアラビア王国　中華人民共和国

ヒント

国際連合の加盟《かめい》国は、193か国です。（2020年）

2 次の図は国際連合のしくみを表にしたものです。後の問いに答えましょう。

（12点×5問）

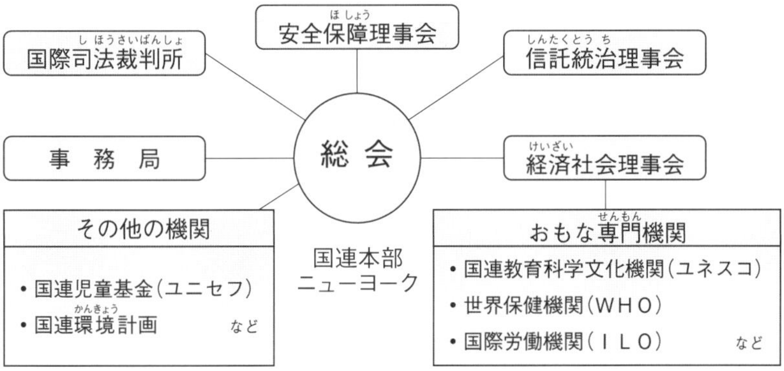

(1) 国際連合の本部は、どの都市にありますか。

(2) 戦争などが起こったとき、やめるようにはたらきかける機関を何といいますか。

(3) 国連の主な機関のうち、次のような目的でつくられたところを何といいますか。

① 戦争やうえや病気で苦しんでいる子どもたちを助ける機関

② 教育・科学・文化を通して世界の平和を求める心を育てるための機関

③ 地球環境《かんきょう》を守るために、各国が協力し合うための機関

社会　　　月　　日

3　縄文《じょうもん》・弥生《やよい》・古墳《こふん》時代

得点　／100

1 次の絵を見て、㋐、㋑は、縄文《じょうもん》時代と弥生《やよい》時代のどちらを表したものですか。□にかきましょう。（7点×2問）

㋐

㋑

㋐ □　　㋑ □

2 弥生時代の米づくりについて、後の問いに答えましょう。（7点×4問）

(1) 次の絵は、米づくりに関係するものです。
それぞれ名前を書きましょう。

① 稲《いね》をかる

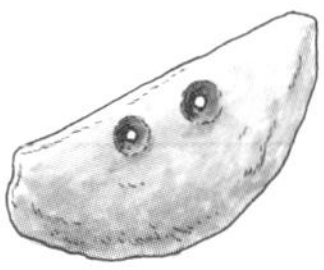

（　　　　）

② 食料を保存《ほぞん》する

（　　　　）

③ 土をほりおこす

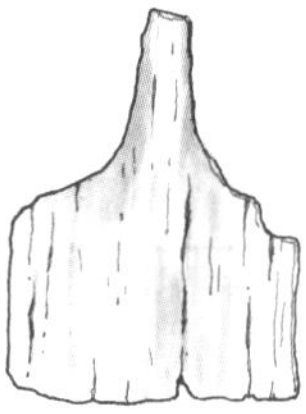

（　　　　）

(2) 米をたくわえておくⒶの建物を何といいますか。

□

ヒント

縄文《じょうもん》時代は約10000年、弥生《やよい》時代は約700年、古墳《こふん》時代は約300年つづきました。

3 次の（　　）にあてはまる言葉を［　　　］から選んで記号をかきましょう。 （7点×4問）

4世紀から5世紀にかけて、大阪の河内《かわち》や奈良地方に勢力をもった（①　　　　）が出現しました。そしてしだいに他の（①）の王を従《したが》えながら日本の国を統一しはじめました。その中心人物は、（②　　　　）と呼《よ》ばれ、各地の王を政府の（③　　　　）とする、（④　　　　）という政府にしくみが整えられるようになりました。

ⓐ くに　　ⓘ 役人　　ⓤ 大王《おおきみ》　　ⓔ 大和朝廷《やまとちょうてい》

4 古墳《こふん》について、後の問いに答えましょう。 （10点×3問）

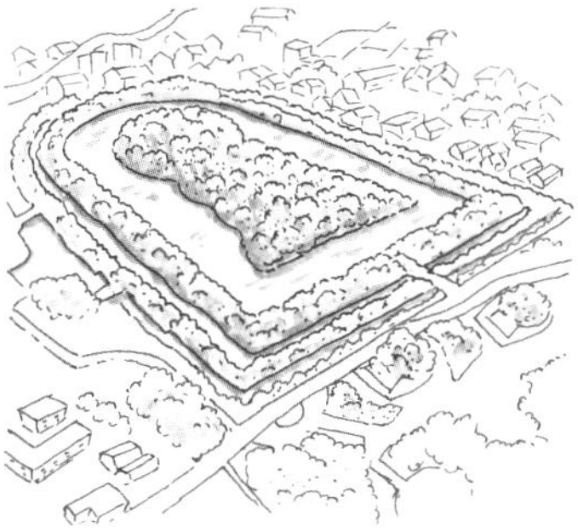

(1) 絵のような古墳を何といいますか。

［　　　　　　　　］

(2) 古墳とは何ですか。

（　　　　　　　　　　　　）

(3) 何のために古墳をつくったのでしょうか。

（　　　　　　　　　　　　）

社会

月　日

得点

4　飛鳥《あすか》・奈良《なら》時代

／100

1　次の年表を見て、後の問いに答えましょう。　（6点×10問）

時代	年代	できごと
（①）	593	聖徳太子《しょうとくたいし》が天皇を助ける役職につく ㋐
	604	役人の心得として ③［　　　　］をつくる
	607	小野妹子《おののいもこ》らを ④［　　　　］としておくる
時代	645	大化《たいか》の改新《かいしん》がはじまる ㋑
（②）	710	都を奈良の ⑤［　　　　］へ移す
	752	大仏がつくられる ㋒
時代		

(1)　年表の（　　）や［　　　］にあてはまる言葉をかきましょう。

(2)　㋐が建てた寺で、現在残っている世界最古の木造建築物は何といいますか。　（　　　　　　）

(3)　㋑の中心人物は、中臣鎌足《なかとみのかまたり》ともう1人だれですか。　（　　　　　　）

(4)　㋒は、だれがどこに建てさせましたか。

建てさせた人（　　　　　　）　寺の名前（　　　　　　）

(5)　㋒をつくるのに協力した僧《そう》はだれですか。　（　　　　　　）

ヒント

聖徳太子《しょうとくたいし》は、法隆寺《ほうりゅうじ》（奈良）、四天王寺《してんのうじ》（大阪）など7つの寺を建てたといわれています。

2 聖徳太子の時代についてかかれたものです。次の文のうち、正しいものには○、まちがっているものには×をつけましょう。（5点×4問）

① (　　) 聖徳太子の死後に起こった大化の改新では、土地や人々は国のものとされた。

② (　　) 聖徳太子は、唐《とう》を自分の領地にするために使者をおくった。

③ (　　) 聖徳太子の死後、物部《もののべ》氏の力が強まった。

④ (　　) 聖徳太子は、家がらではなく、能力によって位を決めた。

3 絵の建物について、次の問いに答えましょう。（5点×4問）

(1) 絵の寺にある宝物《ほうもつ》を納《おさ》めている建物の名前をかきましょう。

(　　　　　　)

正倉院《しょうそういん》　法隆寺《ほうりゅうじ》

(2) 次の文のうち、正しいものには○、まちがっているものに×をつけましょう。

① (　　) この建物は、校倉造《あぜくらづくり》の倉庫である。

② (　　) この建物は、奈良の東大寺《とうだいじ》にある。

③ (　　) この建物には、日本独自でつくられた品物だけが納められている。

社会　　月　日　　得点

5　平《へい》安《あん》時代

／100

1　次の年表を見て、後の問いに答えましょう。　（6点×7問）

時代	年代	できごと
平安《へいあん》時代	794	都を京都の ① ＿＿＿ へ移す
	894	② ＿＿＿ が廃止《はいし》される
	1159	平治《へいじ》の乱《らん》で ③ ＿＿＿ は 源 義朝《みなもとのよしとも》を破る
	1185	④ ＿＿＿ の戦いで平氏《へいし》がほろびる

(1)　年表の □ にあてはまる言葉を □ から選んでかきましょう。

壇ノ浦《だんのうら》　平 清盛《たいらのきよもり》　源 頼朝《みなもとのよりとも》　遣唐使《けんとうし》　平安京

(2)「この世をば　わが世とぞ思う　望月《もちづき》の　欠けたることも　なしと思えば」これはだれのよんだ歌ですか。

（　　　　　）

(3)　この時代の大きな貴族《きぞく》のやしきは、何と呼《よ》ばれているでしょうか。

（　　　　　）

(4)

この時代の貴族の女性は、絵のような服を着ていました。何という服装《ふくそう》ですか。

（　　　　　）

平安《へいあん》時代には、紫式部《むらさきしきぶ》「源氏《げんじ》物語」（小説）、清少納言《せいしょうなごん》「枕草子《まくらのそうし》」（エッセイ）など、女流作家が活躍《かつやく》しました。

ヒント

2 次の文を読み、後の問いに答えましょう。　（6点×5問）

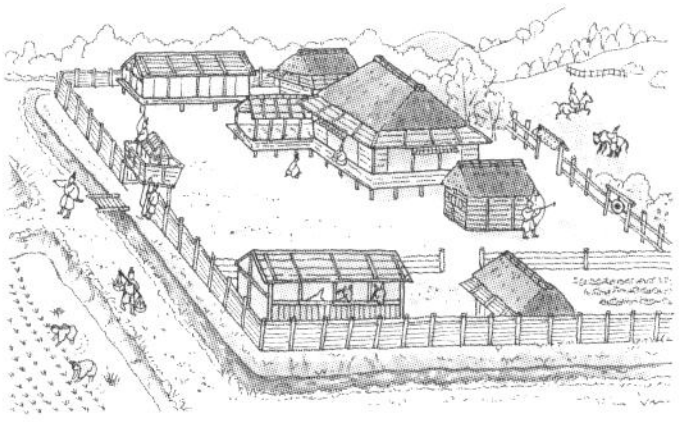

平安時代後期になると、自分の土地を守るために武装したり、㋐武芸を専門《せんもん》にする人たちが出てきました。

(1) ㋐のような人たちは何と呼ばれていますか。　（　　　　）

(2) ㋐としてはじめて政治をおこなったのはだれですか。　（　　　　）

(3) 次の文のうち、正しいものには○、まちがっているものには×をつけましょう。

①（　　）(2)の人物は、天皇《てんのう》中心の政治を行ったため、世の中は安定した。

②（　　）(2)を頭《かしら》とする源氏《げんじ》は、壇ノ浦《だんのうら》の戦いで平氏《へいし》にほろぼされた。

③（　　）(2)は、藤原《ふじわら》氏と同じように、むすめを天皇のきさきとし、力をつけていった。

3 日本独自の文化について、後の問いに答えましょう。　（7点×4問）

(1) 平安時代になると、日本風の文化が発達しました。どうしてですか。

（　　　　　　　　　　）

(2) この時代に、漢字をくずしてつくられた文字は何ですか。

（　　　　）

(3) この時代に、かな文字を使って書かれた文学作品を2つ答えましょう。

（　　　　　　）,（　　　　　　）

6 鎌《かま》倉《くら》時代

1 次の年表を見て、後の問いに答えましょう。 （6点×8問）

時代	年代	できごと
①	1192年	②［　　　　］が征夷大将軍《せいいたいしょうぐん》となる
	1274年	③［　　　　］軍がせめてくる（1回目）
	1281年	（③）軍がせめてくる（2回目）
時代	1333年	（①）幕府《ばくふ》がほろびる

(1) 年表の（　　）や［　　］にあてはまる言葉をかきましょう。

(2) ②が、次のような仕事をするためにおいた役人を何といいますか。

- 村で税(ねんぐ)の取り立てなどを行う…（㋐　　　　）
- 武士の取りしまりなどを行う……………（㋑　　　　）

(3) 次の図は、将軍と御家人《ごけにん》の関係を表したものです。（　　）にあてはまる言葉をかきましょう。

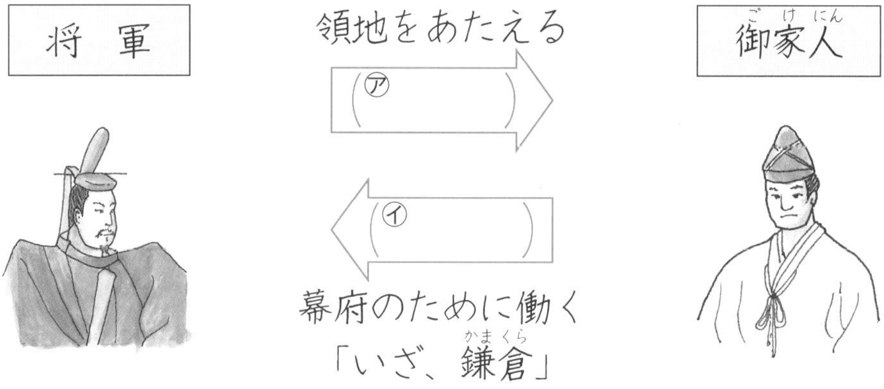

(4) 源氏《げんじ》が3代でとだえたあと、幕府の政治を進めたのは、だれですか。正しいものに○をつけましょう。

（　　）北条《ほうじょう》氏　（　　）蘇我《そが》氏　（　　）物部《もののべ》氏

日本と元《げん》とは戦い方がちがいました。元は集団戦法、日本は敵《てき》を選んで一騎打《いっきう》ちするものでした。

2 鎌倉《かまくら》時代についてかかれたものです。次の文のうち、正しいものには○、まちがっているものには×をつけましょう。（8点×5問）

① （　　） 農民は、牛や馬を農作業に用いたり、草や灰《はい》を肥料にするなど、収《しゅう》かくを増やすくふうを行っていた。

② （　　） 将軍と御家人は、守護《しゅご》と地頭《じとう》の主従関係《しゅじゅうかんけい》で結ばれていた。

③ （　　） 武士は、戦いに備えて、武具の手入れやけいこなどの武芸にはげんでいた。

④ （　　） 武士は、ふだん農民とともに農業をしていた。

⑤ （　　） 武士は、寝殿造《しんでんづくり》のやしきに住んでいた。

3 元《げん》がせめてきたときのことについて、後の問いに答えましょう。（6点×2問）

(1) 元がせめてきたときの執権《しっけん》はだれですか。

（　　　　　）

(2) 2度せめてきたにもかかわらず、元軍が引き上げたのはなぜですか。正しいものに○をつけましょう。

① （　　） 日本の兵器が勝《まさ》っていたため

② （　　） あらしにあったため

7　室《むろ》町《まち》時代

得点　／100

1　次の年表を見て、後の問いに答えましょう。（6点×8問）

時代	年代	できごと
（①　　　）	1338年	②［　　　　］氏が京都に幕府《ばくふ》を開く
	1397年	3代将軍《しょうぐん》③［　　　　］が金閣《きんかく》を建てる
	1467年	応仁《おうにん》の乱《らん》が起こる
時代	1489年	8代将軍④［　　　　］が銀閣《ぎんかく》を建てる

(1)　年表の（　　）や［　　　］にあてはまる言葉をかきましょう。

(2)　この時代の文化について、あてはまるものを［　　　］から選んで記号をかきましょう。

①　石や砂《すな》を用いて、滝《たき》や水面を表現した庭　［　　］

②　墨《すみ》で自然のようすをえがいた絵　［　　］

③　物語などを劇《げき》にして、歌や音楽に合わせて面をつけて舞《ま》う芸　［　　］

④　床《とこ》の間《ま》にかざる。のちに華道《かどう》として広まった　［　　］

㋐　歌舞伎《かぶき》　㋑　生《い》け花《ばな》　㋒　茶の湯
㋓　水墨画《すいぼくが》　㋔　大和絵《やまとえ》　㋕　石庭《せきてい》　㋖　能《のう》

ヒント

金閣《きんかく》を造るお金は、全国の守護《しゅご》たちから集めました。その総額は数百億円といわれています。

2 次の（　　）にあてはまる言葉を［　　］から選んで記号をかきましょう。（7点×4問）

左の絵のような部屋は、（①　　　）といい、現在の和室のもとになっています。（②　　　）や、（③　　　）でしきられていて、床《ゆか》には（④　　　）がしきつめられています。

Ⓐ ふすま　Ⓘ 寝殿造《しんでんづくり》　Ⓤ 書院造《しょいんづくり》　Ⓔ 障子《しょうじ》　Ⓞ たたみ

3 この時代についてかかれたものです。次の文のうち、正しいものには○、まちがっているものには×をつけましょう。（4点×6問）

①（　　）この時代に起きた応仁《おうにん》の乱《らん》は11年間も続いた。

②（　　）足利義満《あしかがよしみつ》は明《みん》（中国）と貿易をはじめた。

③（　　）3代将軍、義政は、京都の東山《ひがしやま》に銀閣を建てた。

④（　　）日本独自の水墨画を完成させたのは行基《ぎょうき》である。

⑤（　　）この時代は、外国と貿易を行わず、日本風の文化が発達した。

⑥（　　）雪舟《せっしゅう》が水墨画を完成させた。

月　日

8 安土《あづち》・桃山《ももやま》時代

得点　／100

1 次の年表を見て、後の問いに答えましょう。（6点×9問）

時代	年代	できごと
室町《むろまち》時代	1543年	②［　　　　］に鉄砲《てっぽう》が伝わる
	1549年	キリスト教㋐が伝わる
	1573年	③［　　　　］が室町幕府《ばくふ》をほろぼす
（①　　　）時代	1576年	（③）が④［　　　　］城を築く
	1582年	（③）が⑤［　　　　］で明智光秀《あけちみつひで》にせめられ自害
	1582年	⑥［　　　　］が検地《けんち》をはじめる
	1588年	（⑥）が刀狩《かたながり》㋑をおこなう
	1590年	（⑥）が全国を統一
	1592年	（⑥）が⑦［　　　　］に出兵

(1) 年表の（　　）や［　　］にあてはまる言葉を［　　］から選んでかきましょう。

豊臣《とよとみ》(羽柴《はしば》)秀吉《ひでよし》　朝鮮《ちょうせん》　安土《あづち》・桃山《ももやま》
本能寺《ほんのうじ》　種子島《たねがしま》　織田信長《おだのぶなが》　安土《あづち》

(2) ㋐を日本に伝えたスペインの宣教師《せんきょうし》はだれですか。

（　　　　　　　）

(3) ㋑は何のために行われたのでしょうか。

（　　　　　　　　　　　　　　　　）

ヒント

秀吉《ひでよし》が築いた大阪城は、江戸幕府《えどばくふ》によって全部地中にうめられ、その上に今の大阪城が造られました。

2 次の（　　）にあてはまる言葉を［　　］から選んで記号でかきましょう。

（4点×4問）

（①　　　　）の小大名の子として生まれた（②　　　　）は、今川義元《いまがわよしもと》の軍を（③　　　　）でたおし、一気に名前が全国に広まりました。また、自由に商売をしてもよい（④　　　　）の制度をつくり、安土は城下町として栄えました。

㋐ 尾張《おわり》	㋑ 堺《さかい》	㋒ 織田信長	㋓ 刀狩
㋔ 関ケ原《せきがはら》の戦い	㋕ 楽市《らくいち》・楽座《らくざ》	㋖ 桶狭間《おけはざま》の戦い	

3 次の（　　）にあてはまる言葉を、［　　］から選んでかきましょう。

（6点×5問）

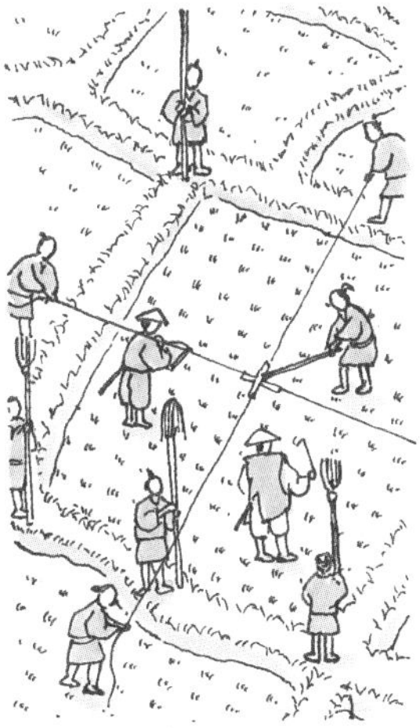

本能寺《ほんのうじ》の変《へん》ののち、（①　　　　）をたおした秀吉は、大阪に築いた（②　　　　）を本拠《ほんきょ》地《ち》に、わずか8年で天下を統一しました。

秀吉は、図のような（③　　　　）を行いました。また、農民が持っている刀や鉄砲《てっぽう》を取りあげる（④　　　　）も行い、（⑤　　　　）のきまりを確立しました。

明智光秀	検地	身分	大阪城	刀狩

9 江戸《えど》時代

1 次の年表を見て、後の問いに答えましょう。（6点×9問）

時代	年代	できごと
	1600年	関《せき》ケ《が》原《はら》の戦い
①（　　　　）時代	1603年	②［　　　　　　］が、幕府《ばくふ》を開く
	1615年	武家諸法度《ぶけしょはっと》を定める
	1635年	③［　　　　　　］で、大名《だいみょう》は１年おきに江戸に行くことが制度化された
	1637年	㋐島原《しまばら》・天草《あまくさ》の一揆《いっき》
	1639年	㋑鎖国《さこく》が完成する
	1649年	農民の細かな生活まで規制する④［　　　　　　］が出される

（㋐は「島原・天草の一揆」、㋑は「鎖国が完成する」に引かれた線）

(1) 年表の（　　）や［　　］にあてはまる言葉をかきましょう。

(2) ③を武家諸法度の中につけ加えたのはだれですか。

（　　　　　　　　）

(3) ㋐は、なぜ起こったのでしょうか。

（　　　　　　　　　　　　　　　　　　　　　　）

(4) ㋐ののち、幕府はキリスト教に対してどうしましたか。

（　　　　　　　　　　　　　　　　　　　　　　）

(5) ㋑の中、貿易を認《みと》められた国はどことどこですか。

（　　　　　　）と（　　　　　　）

ヒント

江戸《えど》時代は戦争がなく、文化・芸術・学問・商業が盛《さか》んになりました。

2 ≪農民とごま油は、しぼればしぼるほど出る≫このように考えた幕府は、農民を支配するために、細かな部分まで制限を加えたおふれ書きを出しました。次の（　　）にあてはまる言葉を［　　　］から選んでかきましょう。（4点×7問）

一、（①　　　　）は早く起きて草をかり、（②　　　　）は田畑を耕し、（③　　　　）はなわをあみ、俵《たわら》をあみ、油断なく仕事にはげめ。

一、（④　　　　）や（⑤　　　　）を買って飲んではならない。

一、（⑥　　　　）や麦などの雑穀《ざっこく》をおもに食べて、（⑦　　　　）を多く食いつぶさないこと。

④⑤順不同

茶　　酒　　あわ　　朝　　昼　　晩《ばん》　　米

3 関係の深い言葉同士を線で結びましょう。（3点×6問）

歌舞伎《かぶき》 ・	・ 歌川広重《うたがわひろしげ》
国学《こくがく》 ・	・ 伊能忠敬《いのうただたか》
参勤交代《さんきんこうたい》 ・	・ 大名行列
日本地図 ・	・ 本居宣長《もとおりのりなが》
浮世絵《うきよえ》 ・	・ 近松門左衛門《ちかまつもんざえもん》
解体新書《かいたいしんしょ》 ・	・ 杉田玄白《すぎたげんぱく》

社会

月　日

得点　／100

10　明《めい》治《じ》時代

1　次の年表を見て、後の問いに答えましょう。

時代	年	できごと
（あ）時代	1867	徳川慶喜《とくがわよしのぶ》が（　①　）を朝廷に返上する
（い）時代	1868	（　②　）が出される
	1869	Ⓐ大名《だいみょう》から土地と人民を返させる
	1871	Ⓑ身分のきまりを改める
		Ⓒ藩《はん》を廃止《はいし》して、県を置く
	1873	Ⓓ20才以上の男子は、軍隊に入る
		Ⓔ税は現金で納《おさ》める
	1877	西南《せいなん》戦争が起こる
	1886	（　③　）事件が起こる
	1889	（　④　）が発布《はっぷ》される
	1890	第1回帝国《ていこく》議会が開かれる
	1891	足尾《あしお》銅山鉱毒事件が起こる
	1894	治外法権《ちがいほうけん》が廃止《はいし》される
		（　⑤　）戦争が起こる
	1904	（　⑥　）戦争が起こる
	1910	（　⑦　）を併合《へいごう》する
	1911	関税自主権《かんぜいじしゅけん》を回復する

(1)　年表の（　　）にあてはまる言葉をかきましょう。（4点×9問）

あ	
い	

①	
②	
③	
④	
⑤	
⑥	
⑦	

(2)　Ⓐ、Ⓑ、Ⓒ、Ⓓ、Ⓔのことをそれぞれ何といいますか。漢字4文字でかきましょう。（5点×5問）

Ⓐ	
Ⓑ	
Ⓒ	
Ⓓ	
Ⓔ	

ヒント

「大日本帝国憲法《ていこくけんぽう》」が発布《はっぷ》された1889（明治22）年に、鉄道の東海《とうかい》道《どう》本線が全線開通しました。

2 日清《にっしん》・日露《にちろ》戦争のばく大な戦費を支えた製糸工業について答えましょう。

（３点×３問）

万俵《びょう》　生糸《きいと》の生産高と輸出高

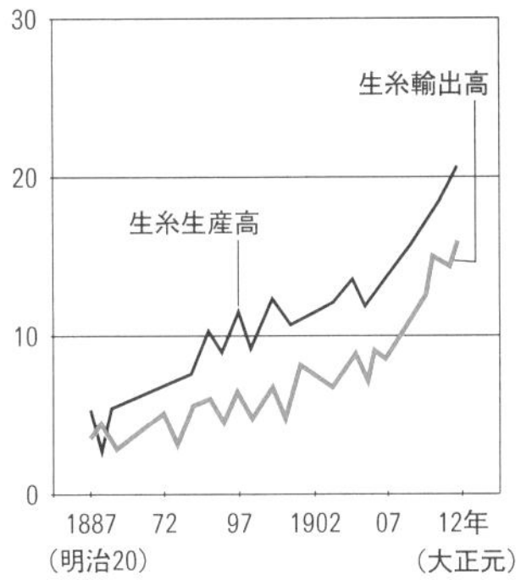

（市立岡谷蚕糸博物館資料による）

① 生糸《きいと》は何からとりますか。［　　　　］

② 生糸から何ができますか。［　　　　］

③ 生糸や綿糸などをつくる製糸工業や印刷業などをまとめて何といいますか。

［　　　　］工業

3 次の［　　］にあてはまる言葉を、［　　］から選んでかきましょう。

（３点×10問）

明治のはじめごろは［①　　］工業が中心で、主に［②　　］をつくり、輸出量は世界一でした。それを支えたのは［③　　］たちでした。その後、［④　　］戦争のころに［⑤　　］工業が発達してきました。

栃木県の［⑥　　］銅山では、日本で最初の公害事件が起こりました。そこで［⑦　　］の［⑧　　］は、［⑨　　］でそのことを［⑩　　］ました。最後は天皇にまで直訴《じきそ》しました。

田中正造《たなかしょうぞう》	重	生糸	工女	軽	日露
国会	足尾《あしお》	うったえ	衆議院《しゅうぎいん》議員		

社会　　月　日　　得点　／100

11 大正《たいしょう》・昭和《しょうわ》の時代

1 日本の動きを表した次の年表を見てあとの問いに答えましょう。

（5点×12問）

年	できごと
1931	（　あ　）が起こる
1933	国際連盟《れんめい》を脱退《だったい》
1937	（　い　）がはじまる
1939	①第２次世界大戦がはじまる
1941	②（　う　）がはじまる
1945	（　え　）が投下される
	（　お　）を受け入れる

(1) 左の年表の(あ)～(お)にあてはまることがらをかきましょう。

あ	
い	
う	
え	
お	

日中《にっちゅう》戦争　太平洋戦争　ポツダム宣言《せんげん》　原子爆弾《げんしばくだん》　満州事変《まんしゅうじへん》

(2) (あ)からはじまった戦争は、何年続きましたか。［　　］年

(3) ①と②の主な戦場は、どの地域《ちいき》でしたか。

①	②

(4) 次の文で正しいものに○、まちがっているものに×をつけましょう。

ア（　　）日本は不景気におそわれ、満州の土地や資源《しげん》がほしくて占領《せんりょう》した。

イ（　　）日本の軍隊は、朝鮮《ちょうせん》の人々を守るために戦った。

ウ（　　）①の戦いで、日本人がもっとも多く死んだ。

エ（　　）沖縄《おきなわ》が占領され、原爆《げんばく》が投下され、戦争が終わった。

ヒント

第１次世界大戦の後、国際連盟《れんめい》が発足《ほっそく》し、第２次世界大戦の後、国際連合が発足しました。

２ 次の［　　］にあてはまる言葉を、［　　］から選んでかきましょう。

（４点×10問）

第２次世界大戦の後、世界は［①　　　　］を中心とした西側の国々と、［②　　　　］を中心とした東側の国々が対立しました。［③　　　　］と呼《よ》ばれたこの対立は、［④　　　　］や［⑤　　　　］など、同じ民族が２つの国に分けられる悲劇《ひげき》を生みました。また、広島《ひろしま》や長崎《ながさき》の願いもむなしく［⑥　　　　］が次々に開発されました。

そのような中、［⑦　　　　］で経済《けいざい》が復興《ふっこう》した日本は、1951年［⑧　　　　］を結び、独立を回復しました。さらにアメリカとは、［⑨　　　　］を結び、つながりを深くしました。

一方、1956年には（②）と、1972年には、［⑩　　　　］との国交を回復し、世界の平和に向かって努力してきました。

朝鮮《ちょうせん》　日米安全保障条約《にちべいあんぜんほしょうじょうやく》　ソビエト連邦《れんぽう》　ドイツ
中華人民共和国《ちゅうかじんみんきょうわこく》　朝鮮戦争　アメリカ合衆国《がっしゅうこく》
サンフランシスコ平和条約　核兵器《へいき》　冷たい戦争

英語

月　　日

1 できることや四季の行事

得点

／100

1 英文をなぞりましょう。（10点）

I can swim fast.

わたしは速く泳げます。

2 あなたができることを、次から１つ選んでかきましょう。（15点）

I can ________________.

run fast
速く走る

draw well
上手にかく

sing well
上手に歌う

dance well
上手におどる

3 文に合う道を選んで、スタートからゴールまで線を引きましょう。（10点）

I can play the piano.

4 絵を見て、Kenができることをかきましょう。（10点）

Ken can ________________.

jump high
高く飛ぶ

ヒント

「夏に～」など季節を表すときには、「In summer, ～」とInの後に季節をかいて表します。

5 英文をなぞりましょう。（10点）

In spring, we have hanami.

春に花見があります。

6 日本の秋の行事で、正しいものを下から選んで英語でかきましょう。（15点）

In autumn,

we have ＿＿＿＿＿＿＿＿＿＿.

秋に□があります。

Doll's Festival
ひなまつり

hanami
花見

momijigari
もみじがり

snow festival
雪まつり

7 行事を表す絵と言葉を線で結びましょう。
また、言葉とその行事がある月を線で結びましょう。（30点）

 ●	● Doll's Festival ●	● December
 ●	● Children's Day ●	● March
 ●	● New Year's Eve ●	● May

月　　日

2 行きたい国と行ったところ

得点 ／100

1 英文をなぞりましょう。（10点）

I want to go to Egypt.

わたしはエジプトに行きたい。

I want to see the pyramids.

わたしはピラミッドを見たい。

2 Kenが行きたい国とそこで見たいものを英語でかきましょう。（20点）

I want to go to Australia.
I want to see koalas.

Ken

行きたい国	見たいもの

3 英文をなぞりましょう。（10点）

Let's go to France.

フランスに行きましょう。

4 あなたの行きたい国を、絵から１つ選んでかきましょう。（15点）

Let's go to ＿＿＿＿＿＿＿＿.

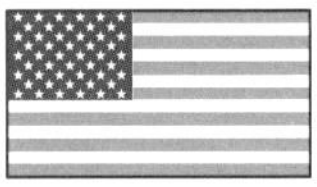

America
アメリカ

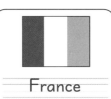

France
フランス

India
インド

Australia
オーストラリア

「～したい」は「I want to～」、「～へ行った」は「I went to～」、アルファベットが一文字ちがうだけで意味が変わってしまいますね。「went」は「go（行く）」の過去形です。

5 英文をなぞりましょう。 （10点）

How was your summer vacation?

夏休みはどうでしたか。

Good! I went to Shizuoka.

よかったです！静岡県に行きました。

6 夏休みにAkiとKenが行ってきた県を、日本語で表にかきましょう。 （20点）

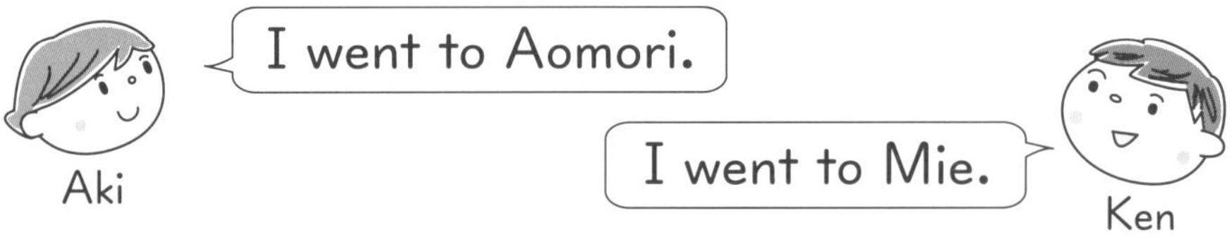

アキが行った県	ケンが行った県

7 あなたが行ったことのある県を、絵から１つ選んでかきましょう。 （15点）

I went to ________________.

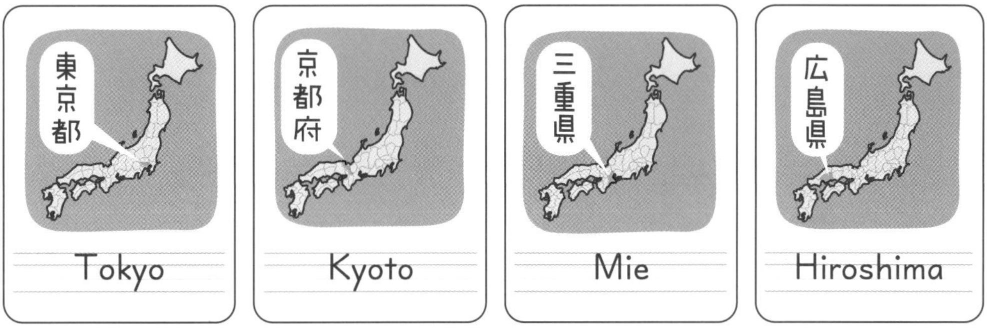

英語

月　　日

3 案内しよう

得点 ／100

1 語句をなぞりましょう。（10点×5問）

① go straight

まっすぐに行く

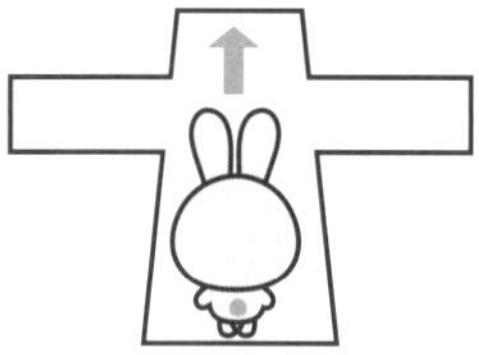

② turn left

左に曲がる

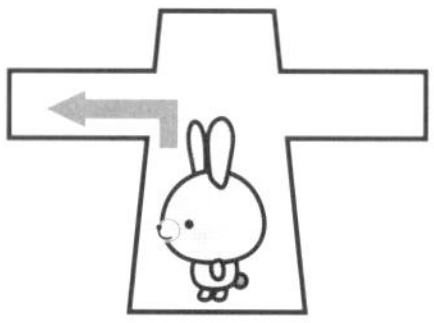

③ turn right

右に曲がる

④ on your left

左側に

⑤ on your right

右側に

2 セリフから学校の場所を探し、□に○をかきましょう。（10点）

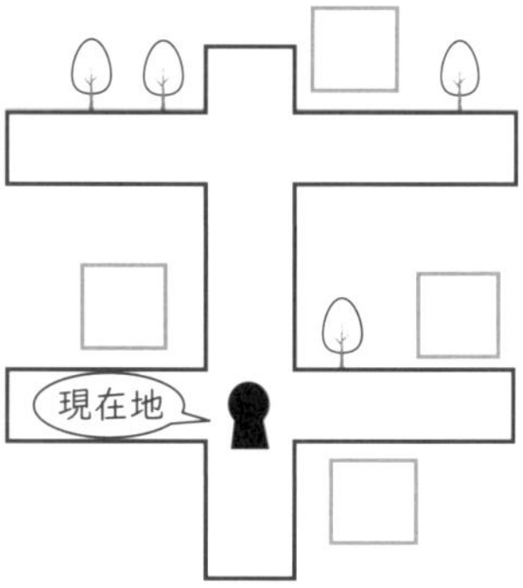

Go straight and turn right

on your left.

ヒント

「わたしたちの町には～があります」は「We have～」とかき、「すてきな施設」なら「a nice ＋施設名」とかきます。「nice」を「good（よい）」や「beautiful（すてき）」もいいですね。

3 住んでいる町にあるし設を、絵から選んでかきましょう。（20点）

We have a ＿＿＿＿＿＿＿＿.

swimming pool
プール

library
図書館

park
公園

4 公園（park）で楽しめることを、絵から選んでかきましょう。（20点）

We have a park.

わたしの町には公園があります。

We can enjoy ＿＿＿＿＿＿＿＿.

わたしたちは□を楽しむことができます。

running
走ること

cycling
サイクリング

dancing
おどること

英語　　　月　　日

4　小学校の思い出と中学校にむけて

得点　　／100

1 英文をなぞりましょう。（15点）

What is your best memory?

あなたのいちばんの思い出は何ですか。

My best memory is

sports day.

わたしのいちばんの思い出は運動会です。

2 小学校生活の思い出を、絵から１つ選んでかきましょう。（20点）

My best memory is ＿＿＿＿＿＿＿＿ .

sports day
運動会

field trip
社会見学

school trip
修学旅行

music festival
音楽会

3 英文をなぞりましょう。（15点）

I saw Fuji-san.

わたしは富士山を見ました。

It was beautiful.

美しかったです。

思い出に残った行事は何でしたか。また、中学校でやりたいことは決まりましたか。ここにない行事やしたいことを自分で探してかいてもいいですね。

ヒント

4 見たことのある建物の名前を、絵から１つ選んでかきましょう。

（20点）

I saw ______________________.

Tokyo Skytree
東京スカイツリー

Kinkaku-ji
金閣寺

Ise Grand Shrine
伊勢神宮

Itsukushima Shrine
厳島神社

5 英文をなぞりましょう。

（10点）

I want to study math hard.

わたしは数学を一生けん命に勉強したいです。

6 あなたが中学校でやりたことを、絵から１つ選んでかきましょう。

（20点）

I want to

______________________.

study hard
一生けん命勉強する

make friends
友だちをつくる

wear a uniform
制服を着る

join the club
部活動に入る

2 次の文を二つの文に分けましょう。（10点×4問）

①
兄は六年生で、弟は一年生です。

②
大雪が降《ふ》り、風がふいた。

③
菜の花がさき、ちょうが飛ぶ。

④
夕立がやみ、太陽が出た。

国語

22 単文・重文・複文（四）

ヒント

「スイーツが好きです。」の文の述語は「好きです。」です。主語は省かれていますが、入れるとすれば「私《わたし》は」や「ひろみは」などが主語になります。

得点　　／100

月　　日

1 次の（　　）に、単文、重文、複文のどれかを書きましょう。（10点×6問）

① 谷川さんがボールを受ける。（　　）

② 母の歌はすばらしい。（　　）

③ おばあさんが作った料理は、とてもおいしい。（　　）

④ これは、弟が集めたカードです。（　　）

⑤ 私《わたし》は、ヘレン・ケラーの伝記を読みました。（　　）

⑥ 姉は美術館へ行き、兄は音楽会へ行きました。（　　）

① ぼくが 植えた 花が さいた。

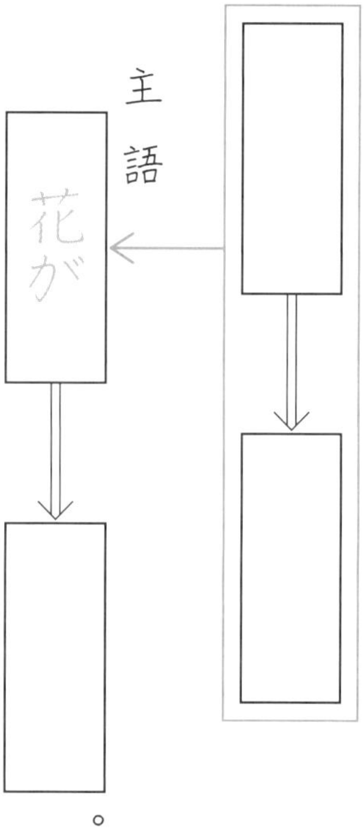

② これは、ぼくが 作った プラモデルだ。

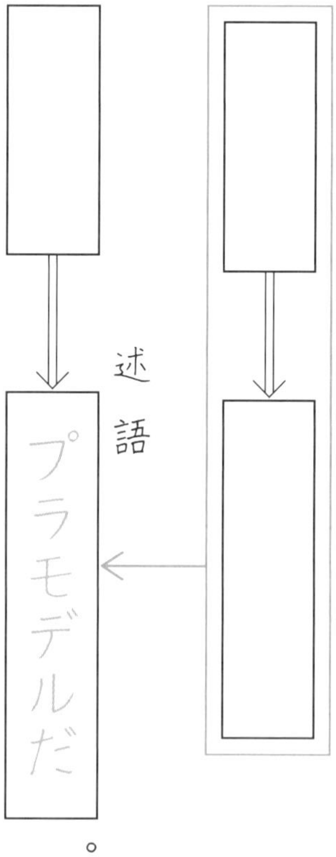

③ 姉は、父が 働いて いる 会社へ 行った。

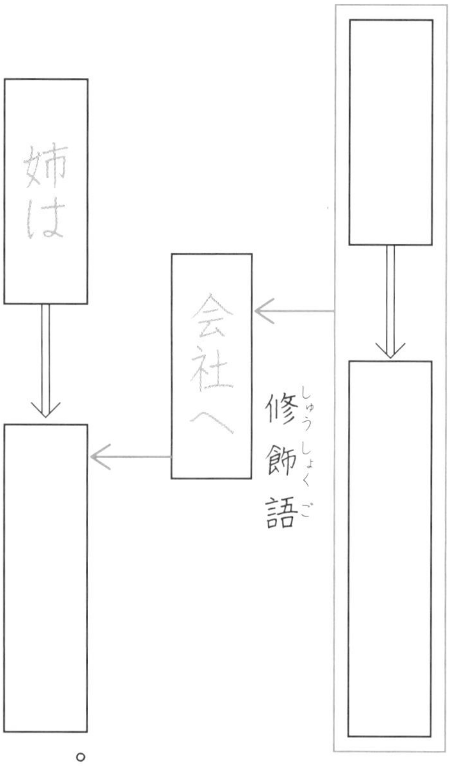

④ ぼくは、父が 建てた 学校へ 行く。

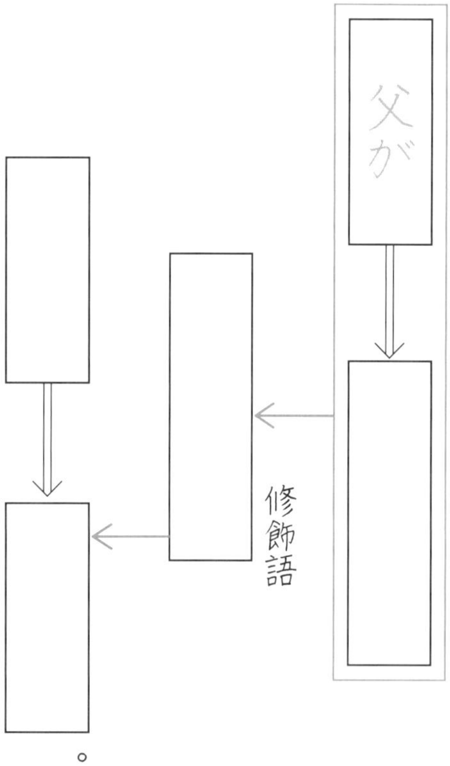

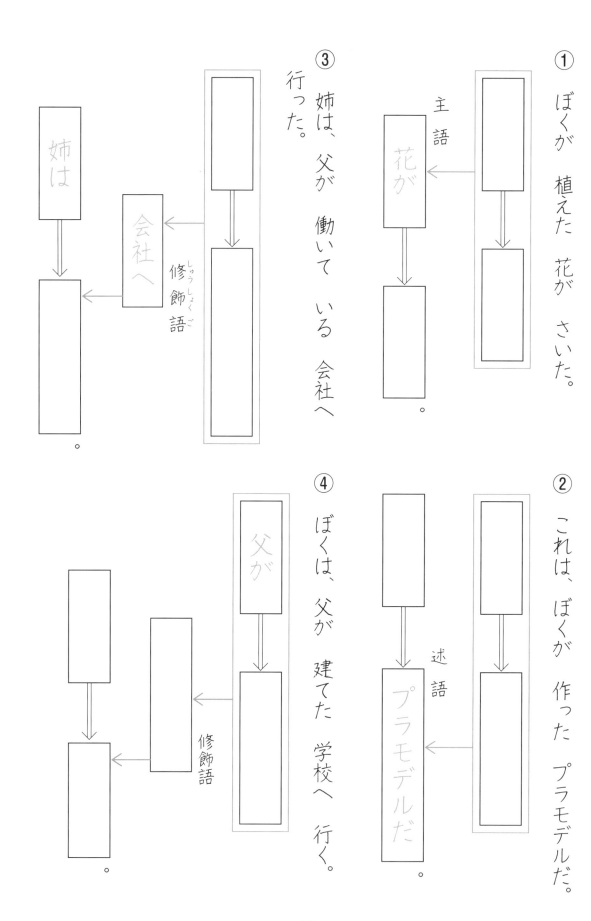

国語

21 単文・重文・複文（三）

ヒント

「にわにはにわにわとりがいる。」を漢字混じり文に直すと、「庭には二羽にわとりがいる。」となります。分かち書きでは、「庭には　二羽　にわとりが　いる。」となります。

得点　／100

月　日

複文——・姉が　クッキーを　作った。
・その　クッキーが　ある。

この二つの文は

姉が　作った　クッキーが　ある。

とまとめられます。

文図にすると

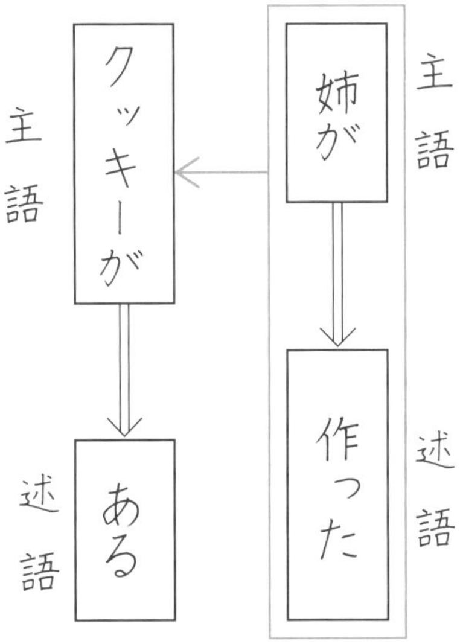

。

1　次の文を文図で表しましょう。

（25点×4問）

① 桜の 花が 風で 散る。

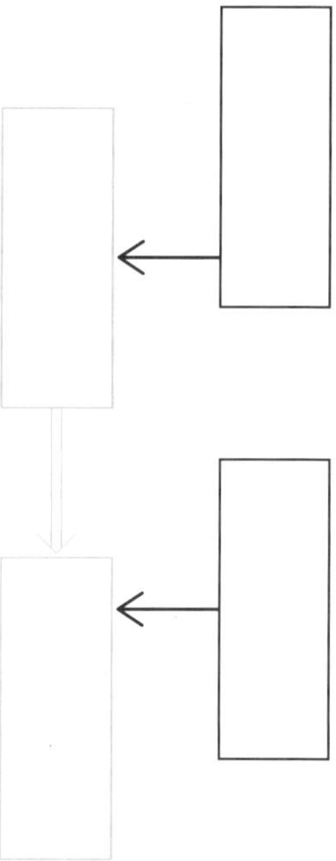
。

② 昨日、兄は 駅へ 行った。

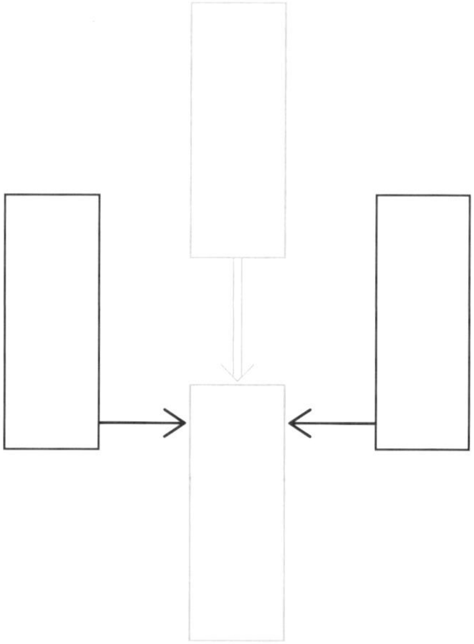
。

③ 先週、ぼくは 新聞社に 質問の 手紙を 書いた。

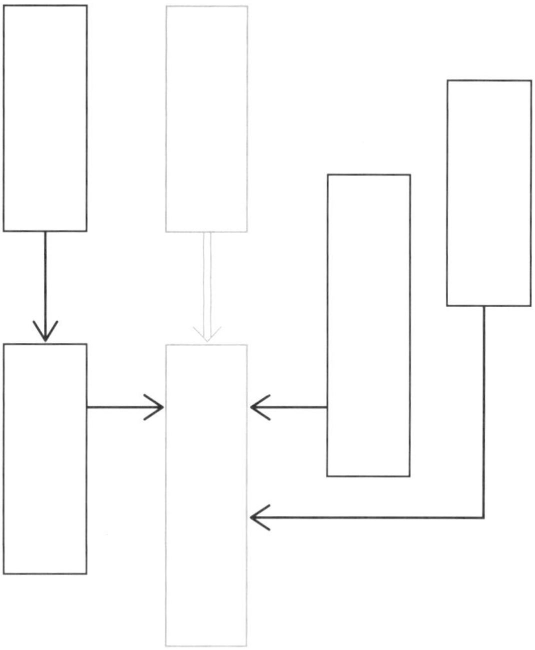
。

④ 夏の 暑い 太陽が、水面を ぎらぎらと 照らす。

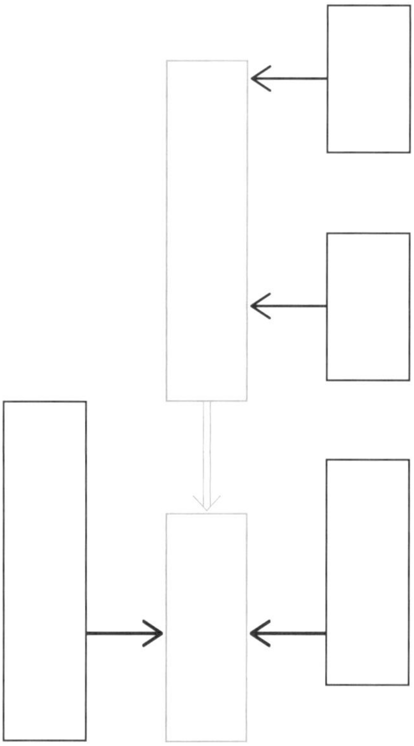
。

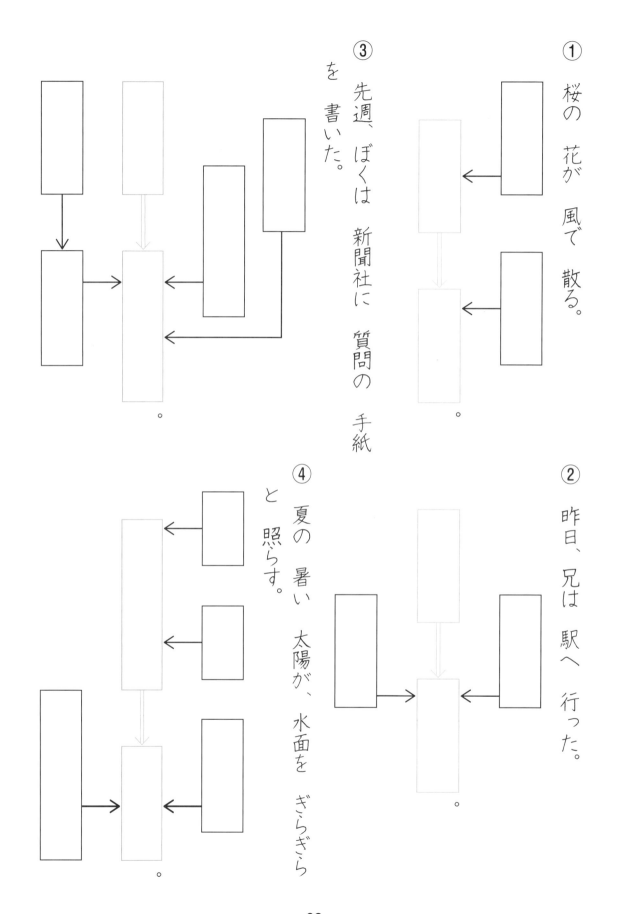

単文・重文・複文（二）

ヒント

「白い花がさく。」を「白い　花が　さく。」と書き表すのを分かち書きといいます。

得点　／100

月　日

文図――文の「主語⇒述語」を中心として、どの言葉がどの言葉にかかっていくかを表すものです。

・「理科の　先生が　実験を　始める。」

この文の述語は「始める」です。主語は「先生が」です。

（◉主語を見つけるには、まず述語を見つけましょう。述語はふつう、文の終わりにあります。）

文図

理科の → 先生が

↓

実験を → 始める。

修飾語《しゅうしょくご》 → 主語

↓

修飾語 → 述語。

1 次の文を文図で表しましょう。（25点×4問）

〈例〉黒い　ねこが、すずめを　ねらう。

①　裏庭《うらにわ》に　にわとりが　いる。

②　きれいな　ばらの　花が　さく。

③　かきの　実が、赤く　うれる。

④　昨日、姉は　時計を　買った。

⑤　北風が　かれ葉を　ふきとばした。

〈例〉犬が　ほえ、ねこが　鳴く。

①　風が　ふき、雨も　降《ふ》る。

②　色が　きれいで、形が　美しい。

③　池の　まわりを　ぼくは　走り、おじいさんは　歩く。

④　父は　会社へ　行き、姉は　学校へ　行く。

⑤　公園には　花が　さき、子どもたちは　元気に　遊ぶ。

国語

19 単文・重文・複文（一）

単文――主語と述語のつながりが一回の文。

・ぼくは　プールで　泳ぐ。

重文――主語と述語のつながりが、文の中に二つ以上ある文。

・ぼくは　学校へ　行き、兄は　図書館へ　行く。

複文――主語と述語のある文の一部に、もう一つの文がかかる文。

・姉が　作った　クッキーが　ある。

・ぼくは　父が　建てた　学校へ　行く。

ヒント

重文の「重」は「かさねる」の意味です。重要文化財のことを略して「重文」ともいいます。この「重」は「重要」の意味です。

得点　　／100

月　日

1 ①〜⑤は単文です。主語には――線を、述語には＝＝線を引きましょう。述語は文の終わりにあります。（10点×5問）

2 ①〜⑤は重文です。主語には――線を、述語には＝＝線を引きましょう。（10点×5問）

枕草子《まくらのそうし》　清少納言《せいしょうなごん》

春はあけぼの。や《よ》うや《よ》う白くなりゆく、山ぎは《わ》少しあかりて、紫《むらさき》だちたる雲の細くたなびきたる。

夏は夜。月のころはさらなり、やみもなほ《お》蛍《ほたる》の多く飛びちがひ《い》たる。また、ただ一つ二つなど、ほのかにうち光りて行くもを《お》かし。雨など降《ふ》るもを《お》かし。

枕草子　清少納言

紫

蛍

18 昔の文に親しむ

1 美しい日本語の文を読んで、情景や作者の思いを味わいながら書写しましょう。

方丈記《ほうじょうき》　**鴨**《かもの》**長明**《ちょうめい》

ゆく河の流れは絶えずして、しかも、もとの水にあらず。淀《よど》みに浮《う》かぶうたかたは、かつ消えかつ結びて、久しくとどまりたるためしなし。世の中にある人と栖《すみか》と、またかくのごとし。

方丈記　鴨　長明

ヒント

「枕草子《まくらのそうし》」は平安《へいあん》時代、「方丈記《ほうじょうき》」は鎌倉《かまくら》時代の作品です。

月　日

かすみ立つ　長き春日《はるひ》を　子どもらと　手まりつきつつ　この日暮《く》らしつ
良寛《りょうかん》

東風《こち》吹《ふ》かば　にほ《お》ひ《い》おこせよ　梅の花　主《あるじ》なしとて　春を忘《わす》るな
菅原道真《すがわらのみちざね》

かめにさす　藤《ふじ》の花ぶさ　みじかければ　たたみの上に　とどかざりけり
正岡子規《まさおかしき》

白鳥《しらとり》は　かなしからずや　空の青　海のあを《お》にも　染《そ》まずただよふ《う》
若山牧水《わかやまぼくすい》

ひまわりは　（　④　）を身にあびて　ゆらりと高し　日のちひ《い》ささよ
前田夕暮《まえだゆうぐれ》

東海《とうかい》の　小島《こじま》の磯《いそ》の　（　⑤　）に　われ泣きぬれて　かにとたは《わ》むる
石川啄木《いしかわたくぼく》

金の油　八重桜《やえざくら》　白砂《しらすな》　春の日　春の野

17 短歌

短歌――奈良《なら》時代につくられた万葉集《まんようしゅう》は、日本最初の歌集で、その中でもっとも多いのが短歌です。五・七・五・七・七の三十一音の歌です。

今、正月などに楽しむ百人一首《ひゃくにんいっしゅ》は、昔の短歌をかるたにしたものです。

1 （　）にあてはまる言葉を［　］から選んで書きましょう。（20点×5問）

いにしへ《え》の　奈良《なら》の都の　（①　　　）　けふ《きょう》九重《ここのえ》に　にほひ《おい》ぬるかな　伊勢大輔《いせのたいふ》

君がため　（②　　　）に出《い》でて　若菜《わかな》つむ　わが衣手《ころもで》に　雪はふりつつ　光孝《こうこう》天皇

ひさかたの　光のどけき　（③　　　）に　しづ《ず》心なく　花の散るらむ《ん》　紀友則《きのとものり》

大江山《おおえやま》　いく野の道の　遠ければ　まだふみも見ず　天《あま》の橋立《はしだて》　小式部内侍《こしきぶのないし》

ヒント
五・七・五の十七音が上《かみ》の句、七・七の十四音が下《しも》の句です。

得点
／100

月　日

⑤

㋐ 大阪で□《う》まれる

㋑ にわとりが卵《たまご》を□《う》む

⑥

㋐ 税金を□《おさ》める

㋑ 国を□《おさ》める

⑦

㋐ 本を□《かえ》す

㋑ 家へ□《かえ》る

⑧

㋐ 声□《が》わり

㋑ 身□《が》わり

⑨

㋐ 道が二つに□《わ》かれる

㋑ 友と□《わか》れる

⑩

㋐ 解決に□《つと》める

㋑ 会社に□《つと》める

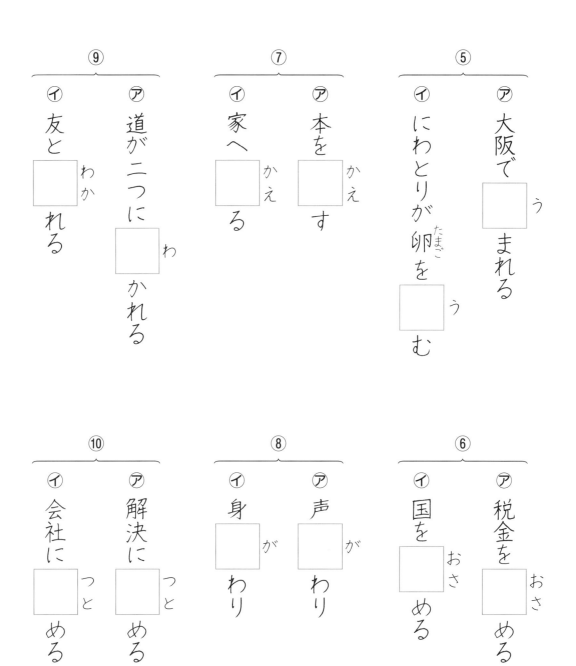

国語

16 同《どう》訓《くん》異《い》義《ぎ》語《ご》

ヒント

その他の漢字

③ 幕《まく》を開《あ》ける。
⑥ 学問を収《おさ》める。
⑩ 議長を務《つと》める。

得点

／100

月　日

1 □にあてはまる漢字を書きましょう。（5点×20問）

①
㋐ 計算が□《あ》う
㋑ 人と□《あ》う

②
㋐ 名を□《あ》げる
㋑ 式典を□《あ》げる

③
㋐ 夜が□《あ》ける
㋑ 席を□《あ》ける

④
㋐ 言葉に□《あらわ》す
㋑ 姿《すがた》を□《あらわ》す

4

快

打　　感

切

5

戦

読　　入

暴

6

文

説　　争

議

7

人

良　　悪

政

4

①（　　）

②（　　）

③（　　）

④（　　）

5

①（　　）

②（　　）

③（　　）

④（　　）

6

①（　　）

②（　　）

③（　　）

④（　　）

7

①（　　）

②（　　）

③（　　）

④（　　）

4～7の漢字

乱　論　探　善　痛　究

◎残りの二字で二字熟語を作りましょう。（8点）

（　　）

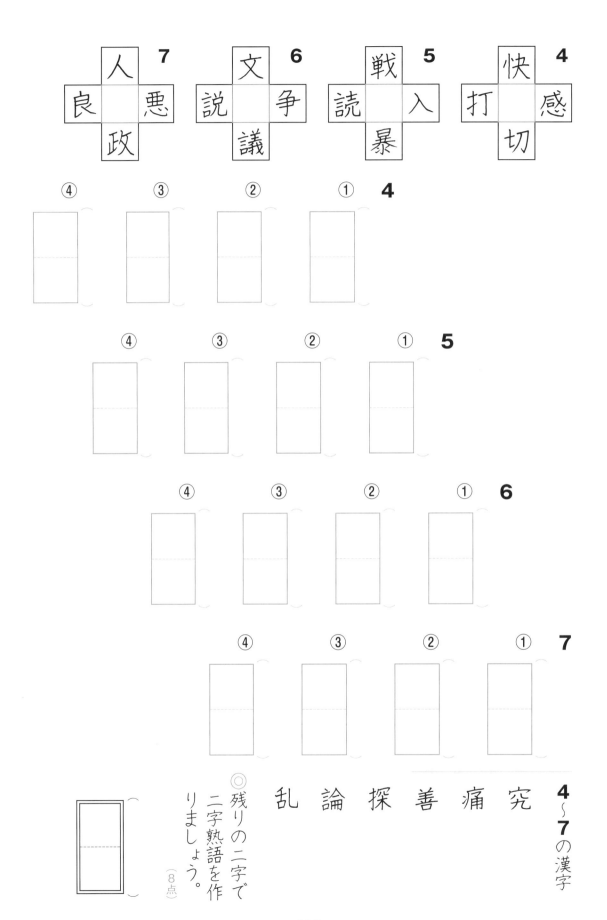

国語

15 熟語《じゅくご》の読み・書き（六）

ヒント

痛切　身にしみて強く感じること。

乱読　手当たりしだいに本を読むこと。

論説　筋道たてて考えをいうこと。

得点　／100

月　日

1 □に漢字を入れ、矢印の方へ読むと二字熟語《じゅくご》が四つできます。□に入れる漢字は下から選びましょう。

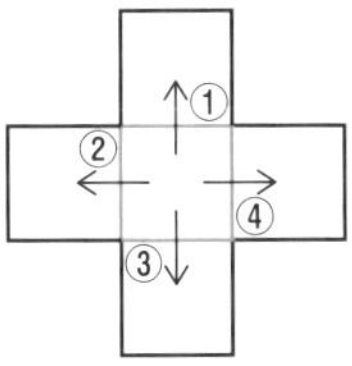

①難所（なんしょ）　②難路（なんろ）　③難問（なんもん）　④難題（なんだい）

（上）所　（左）路　（右）題　（下）問　（中）難

1　（上）児　（左）年　（右）虫　（下）魚

2　（上）首　（左）員　（右）則　（下）派

3　（上）館　（左）会　（右）門　（下）店

1　①（　）　②（　）　③（　）　④（　）

2　①（　）　②（　）　③（　）　④（　）

3　①（　）　②（　）　③（　）　④（　）

（12点×7問）

1〜**3**の漢字　党　暖　閑　流　幼

◎残りの二字で二字熟語を作りましょう。（8点）

（　）

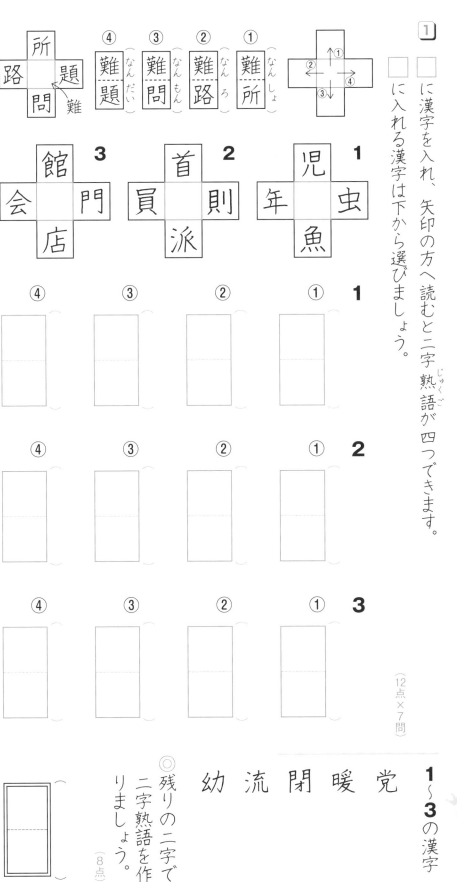

4

	黒	
親		風
	時	

5

	出	
発		望
	示	

6

	開	
閉		末
	府	

7

	国	
家		物
	船	

4

①（　）　②（　）　③（　）　④（　）

5

①（　）　②（　）　③（　）　④（　）

6

①（　）　②（　）　③（　）　④（　）

7

①（　）　②（　）　③（　）　④（　）

4〜7の漢字

純　展　宝　潮　単　幕

◎残りの二字で二字熟語を作りましょう。（8点）

（　）

国語

14 熟語《じゅくご》の読み・書き（五）

1 □に漢字を入れ、矢印の方へ読むと二字熟語《じゅくご》が四つできます。□に入れる漢字は下から選びましょう。

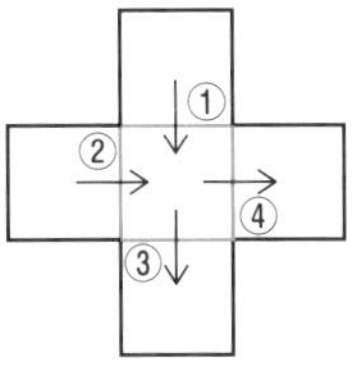

① 喜劇（きげき）
② 悲劇（ひげき）
③ 劇場（げきじょう）
④ 劇団（げきだん）

喜
悲　団
場
劇

1
和
洋　決
判

2
古
落　門
内

3
分
負　任
当

1 ①（　）②（　）③（　）④（　）

2 ①（　）②（　）③（　）④（　）

3 ①（　）②（　）③（　）④（　）

（12点×7問）

1〜3の漢字
城　吸　裁　担　呼

◎残りの二字で二字熟語を作りましょう。（8点）

（　）

ヒント
裁決　裁判所の裁決をあおぐ。
展望　屋上から町を展望する。
宝船　七福神を乗せた船。

得点
／100

月
日

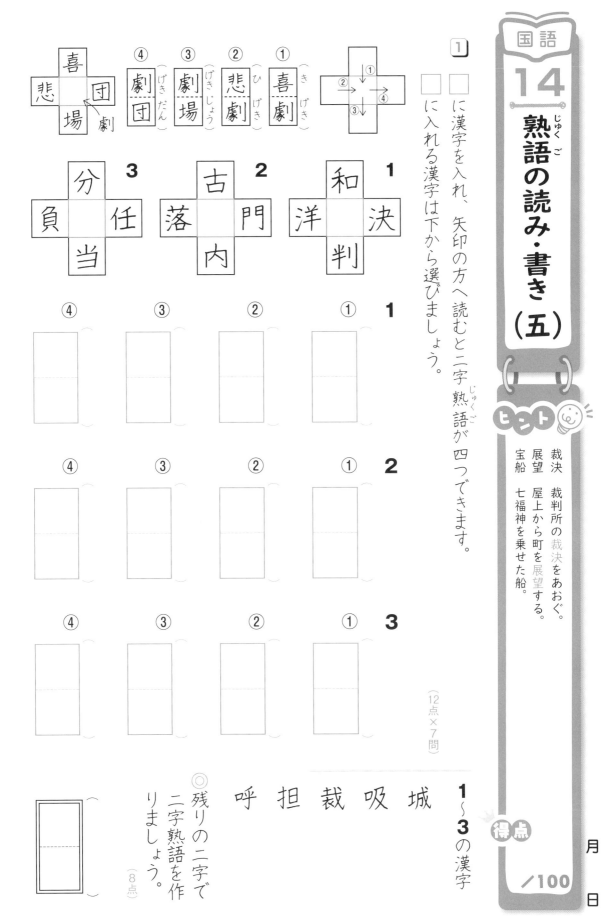

4

	服	
変		仮
	改	

5

	手	
値		格
	階	

6

	本	
道		血
	首	

7

	俳	
女		声
	男	

4 ①（　　） ②（　　） ③（　　） ④（　　）

5 ①（　　） ②（　　） ③（　　） ④（　　）

6 ①（　　） ②（　　） ③（　　） ④（　　）

7 ①（　　） ②（　　） ③（　　） ④（　　）

4〜**7**の漢字

優　済　装　筋　経　段

◎残りの二字で二字熟語を作りましょう。（8点）

（　　）

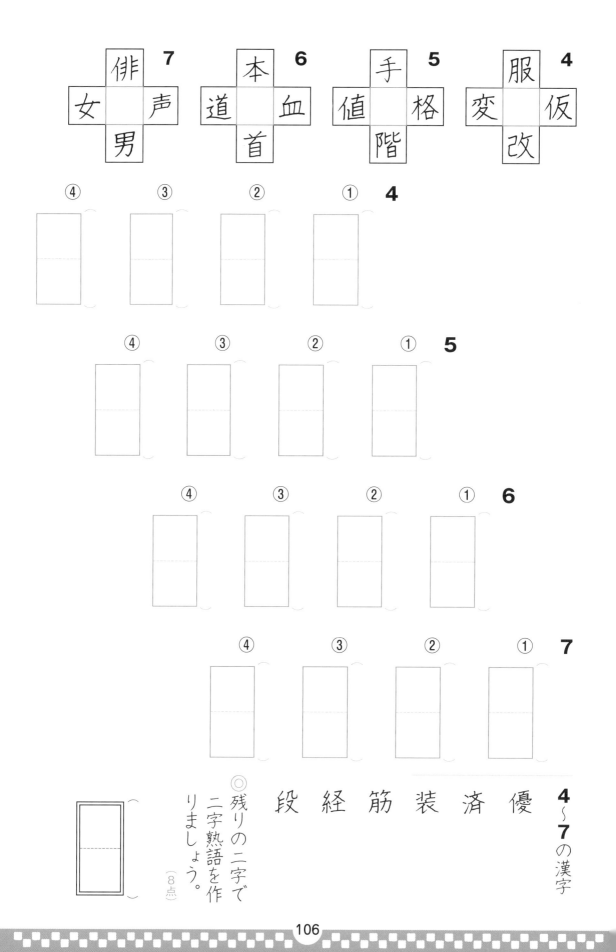

国語

13 熟語《じゅくご》の読み・書き（四）

1 □に漢字を入れ、矢印の方へ読むと二字熟語《じゅくご》が四つできます。□に入れる漢字は下から選びましょう。

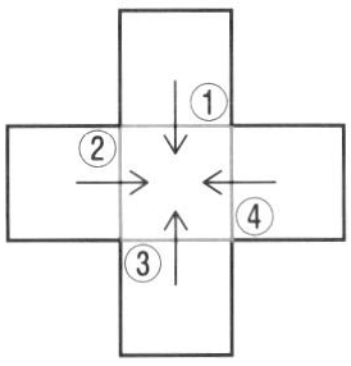

① 通勤（つうきん）
② 出勤（しゅっきん）
③ 欠勤（けっきん）
④ 転勤（てんきん）

通　出　転　欠　勤

1 対　政　失　無

2 価　安　数　高

3 歌　動　作　名

1 ①　②　③　④

2 ①　②　③　④

3 ①　②　③　④

（12点×7問）

1～3の漢字　無　詞　値　傷　策

◎残りの二字で二字熟語を作りましょう。（8点）

ヒント

無策　なんの対策もたてていないこと。

仮装　変装して、仮装行列に出る。

血筋　先祖から続いている親子などの血のつながり。

得点　／100

月　日

党略　競争　模写　賃金　飲料　両論　仏閣　異変　確率　番号　吸入　神経

⑨ 声帯

⑩ 乳酸

⑪ 党利

⑫ 生存

⑬ 賛否

⑭ 暖冬

⑮ 平均

⑯ 郵便

⑰ 自律

⑱ 神社

⑲ 降水

⑳ 酸素

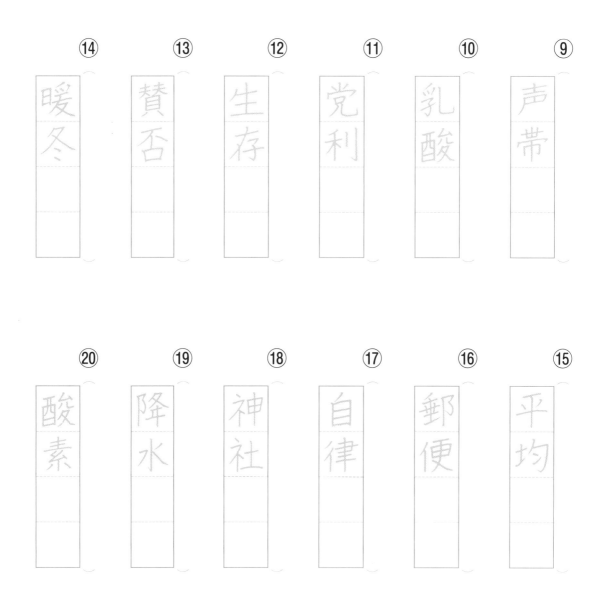

国語

12 四字熟《じゅく》語《ご》（二）

ヒント

声帯○○　有名人などの声や動物の鳴き声をまねする芸。

党利○○　政党などが自分たちの利益を考えるためにするはかりごととその利益。

得点

／100

月　日

1 あてはまる言葉を□から選び、四字熟《じゅく》語《ご》にしましょう。読みがなも書きましょう。（5点×20問）

政策	樹林	順延	遊泳	磁石	同権	分立	憲章

① 宇宙

② 雨天

③ 経済

④ 永久

⑤ 針葉

⑥ 三権

⑦ 児童

⑧ 男女

同音　存亡　刻刻　地異　棒大　感激　明快　誠意　晩成　討論　作曲　一律

⑨ 天変

⑩ 時時

⑪ 危急

⑫ 感謝

⑬ 異口

⑭ 単純

⑮ 針小

⑯ 党首

⑰ 誠心

⑱ 千編

⑲ 大器

⑳ 作詞

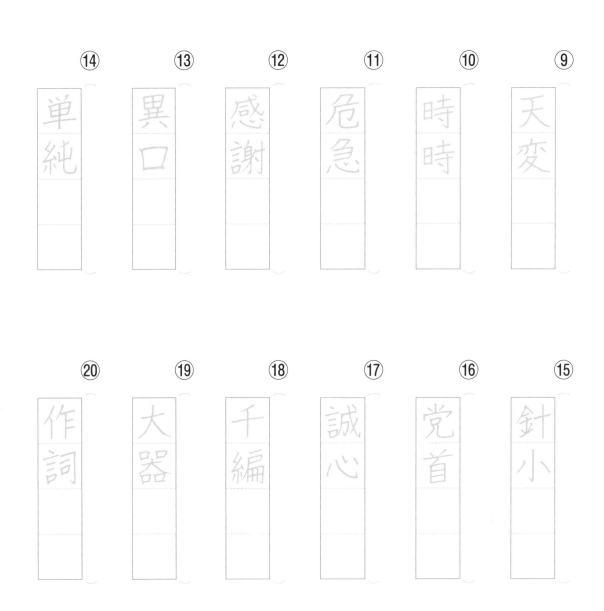

国語

11 四字熟《じゅく》語《ご》（一）

ヒント

面従〇〇　表面は従《したが》っているように見せ、心の中では従わないこと。

千編〇〇　多くのものが、みな同じような感じで変化に欠けること。

得点

／100

月　日

1 あてはまる言葉を［　］から選び、四字熟《じゅく》語《ご》にしましょう。読みがなも書きましょう。

苦行	私欲	腹背	小異	半疑	不乱	晴朗	九拝

① 大同

② 難行

③ 半信

④ 面従

⑤ 私利

⑥ 三拝

⑦ 一心

⑧ 天気

（5点×20問）

⑥ 割高

⑦ 潮流

⑧ 収納

⑨ 望郷

⑩ 冬至

国語

10 漢字の書き・意味（三）

1 □に漢字を書きましょう。また、二字熟語《じゅくご》の意味を調べましょう。

（10点×10問）

① 役《やく》□《わり》 → 割《わり》□《だか》 → 高《こう》□《か》 → 価《か》□《ち》 → 値《ね》段《だん》

② 干《かん》潮《ちょう》 → □《ちょう》流《りゅう》 → □《りゅう》動《どう》 → □《どう》乱《らん》 → □《らん》暴《ぼう》

③ 呼《こ》□《きゅう》 → 吸《きゅう》□《しゅう》 → 収《しゅう》□《のう》 → 納《のう》□《こつ》 → 骨《こっ》格《かく》

④ 尊《そん》敬《けい》 → □《けい》意《い》 → □《い》欲《よく》 → □《よく》望《ぼう》 → 望《ぼう》郷《きょう》

⑤ 尊《そん》□《げん》 → 厳《げん》□《かん》 → 寒《かん》□《だん》 → 暖《だん》□《とう》 → 冬《とう》至《じ》

ヒント

潮流　鳴門海峡《なるとかいきょう》の潮流は激《はげ》しい。

望郷　「ふるさとは遠くにありておもうもの。」

冬至　夏至《げし》は六月二十二日ごろ。冬至は？

得点 ／100

月　日

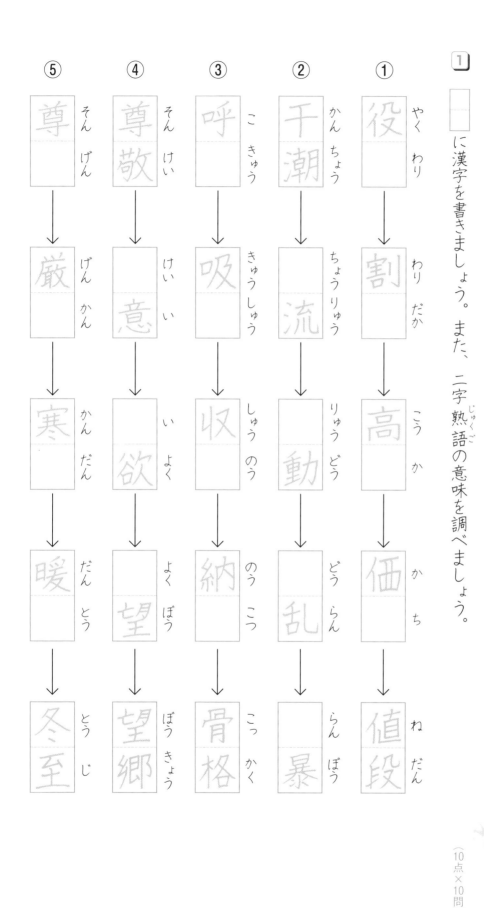

⑥ 衛視

⑦ 書簡

⑧ 器官

⑨ 裏腹

⑩ 痛感

国語

9 漢字の書き・意味（二）

1 □に漢字を書きましょう。また、二字熟語《じゅくご》の意味を調べましょう。

（10点×10問）

① 看《かん》護《ご》 → □《ご》□《えい》 → 衛《えい》視《し》 → □《し》□《や》 → 野《や》党《とう》

② 書《しょ》□《かん》 → 簡《かん》単《たん》 → □《たん》□《じゅん》 → 純《じゅん》綿《めん》 → □《めん》棒《ぼう》

③ 肺《はい》臓《ぞう》 → □《ぞう》□《き》 → 器《き》官《かん》 → □《かん》□《ちょう》 → 庁《ちょう》舎《しゃ》

④ 貴《き》□《ちょう》 → 重《じゅう》傷《しょう》 → □《きず》□《ぐち》 → 口《くち》裏《うら》 → □《うら》腹《はら》

⑤ 背《せ》中《なか》 → □《ちゅう》□《ふく》 → 腹《ふく》痛《つう》 → □《つう》□《かん》 → 感《かん》激《げき》

ヒント

衛視 もとは守衛といった。国会に関係があります。

書簡 「書簡をしたためる」といわず「〇〇を書く」。

裏腹 「表」と「裏」、「背」と「腹」、の意味。

得点 ／100

月 日

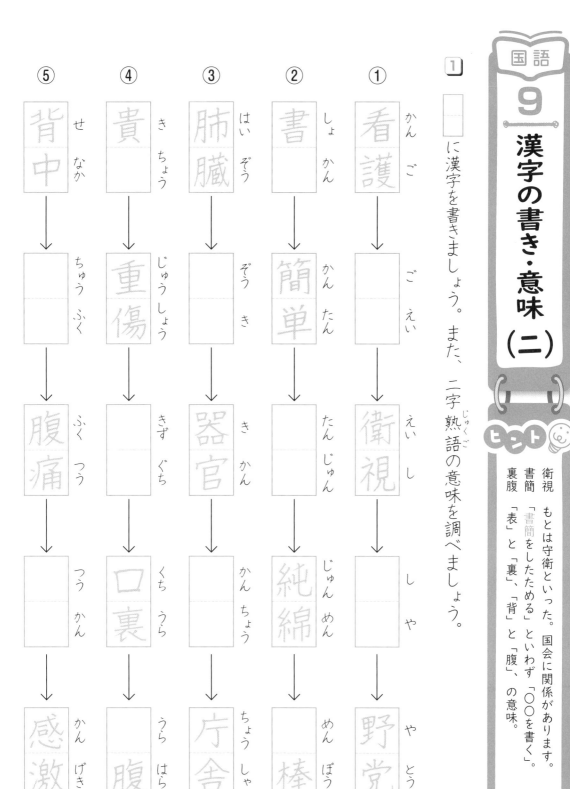

⑥ 尊厳

⑦ 策動

⑧ 利己

⑨ 尺八

⑩ 流派

国語

8 漢字の書き・意味（一）

1 □に漢字を書きましょう。また、二字熟語《じゅくご》の意味を調べましょう。

（10点×10問）

① 尊《そん》厳《げん》 → □《げん》□《みつ》 → 密《みっ》閉《ぺい》 → □《へい》□《まく》 → 幕《ばく》府《ふ》

② 憲《けん》政《せい》 → □《せい》□《さく》 → 策《さく》動《どう》 → □《どう》□《らん》 → 乱《らん》射《しゃ》

③ 大《たい》恩《おん》 → □《おん》□《じん》 → 人《じん》権《けん》 → □《けん》□《り》 → 利《り》己《こ》

④ 収《しゅう》縮《しゅく》 → □《しゅく》□《しゃく》 → 尺《しゃく》八《はち》 → □《はっ》□《ぽう》 → 方《ほう》策《さく》

⑤ 沿《えん》海《かい》 → □《かい》□《りゅう》 → 流《りゅう》派《は》 → □《は》□《で》 → 手《しゅ》段《だん》

ヒント

策動　会社ののっとりを策動する。
尺八　長さが一尺八寸。
流派　「二刀流」「印象派」など。

得点　／100

月　日

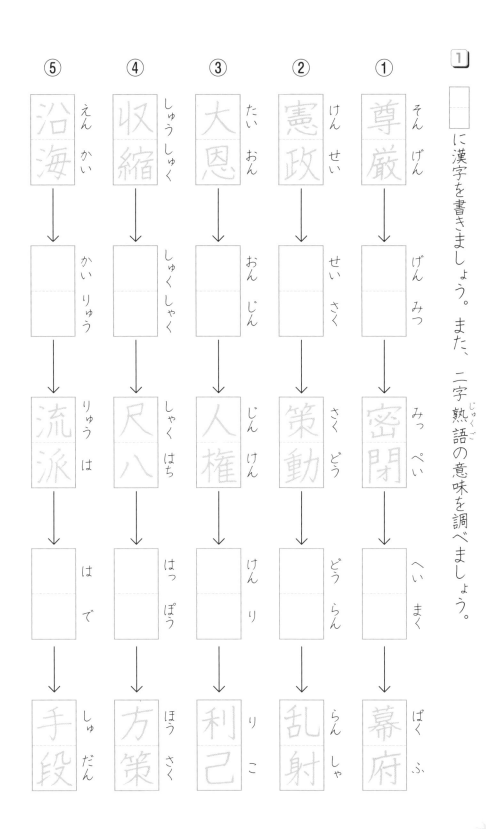

4

護
立　　章
法

5

回
増　　支
容

6

生
保　　在
続

7

習
成　　読
達

4

①

②

③

④

5

①

②

③

④

6

①

②

③

④

7

①

②

③

④

4〜7の漢字

熟　収　奏　憲　演　存

◎残りの二字で二字熟語を作りましょう。（8点）

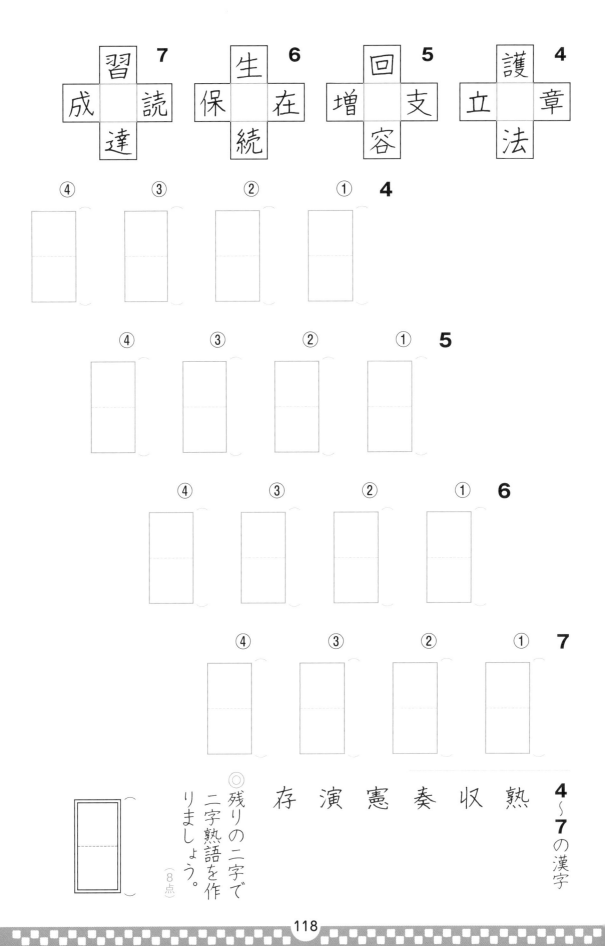

国語

7 熟語《じゅくご》の読み・書き（三）

月　日

得点　／100

ヒント

五穀　五種の穀物。コメ・ムギ・アワ・キビ・マメをいう。

護憲　「憲」は「憲法」のこと。

収容　けが人を病院に収容する。

1 □に漢字を入れ、矢印の方へ読むと二字熟語《じゅくご》が四つできます。□に入れる漢字は下から選びましょう。

①↓　②→　③↓　④→

質

容　□　問

心

疑

① 質疑（しつぎ）　② 容疑（ようぎ）　③ 疑心（ぎしん）　④ 疑問（ぎもん）

1

人

主　□　力

利

2

五

雑　□　倉

類

3

星

車　□　談

席

1　①（　）　②（　）　③（　）　④（　）

2　①（　）　②（　）　③（　）　④（　）

3　①（　）　②（　）　③（　）　④（　）

（12点×7問）

1～3の漢字　座　尺　権　穀　縮

◎残りの二字で二字熟語を作りましょう。（8点）

（　）

4

同
車　出
天

5

時
定　深
夕

6

区
流　海
領

7

自
住　帰
在

4 ①（　）②（　）③（　）④（　）

5 ①（　）②（　）③（　）④（　）

6 ①（　）②（　）③（　）④（　）

7 ①（　）②（　）③（　）④（　）

4〜7の漢字

裁　窓　宅　総　刻　域

◎残りの二字で二字熟語を作りましょう。（8点）

（　）

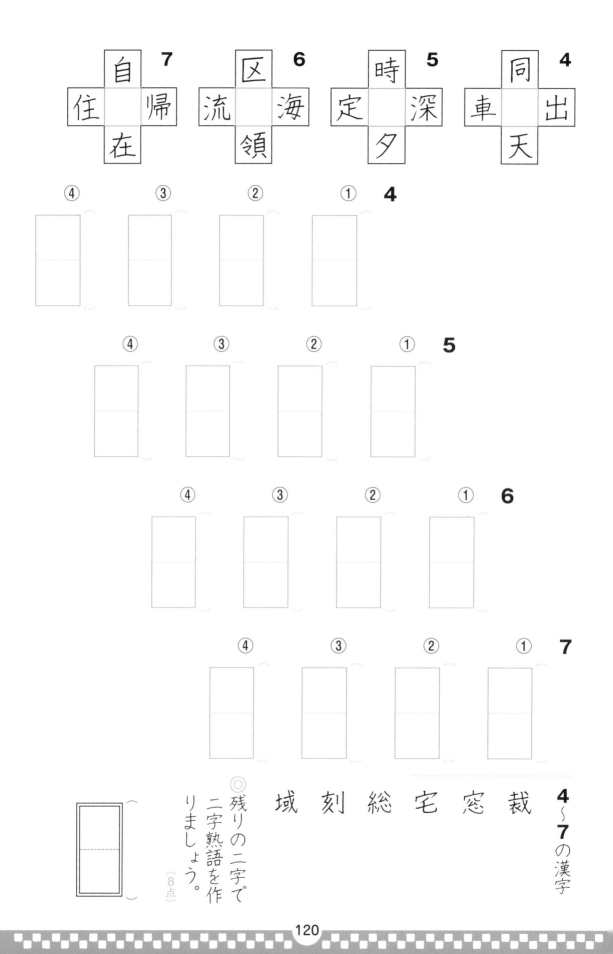

国語

6 熟《じゅく》語《ご》の読み・書き（二）

ヒント

立派《りっぱ》　すぐれているようす。立派な人がら。

現存　現存する最古の城《しろ》。

同窓　同窓会に集まる人を同窓生という。

得点　／100

月　日

1 □に漢字を入れ、矢印の方へ読むと二字熟語《じゅくご》が四つできます。□に入れる漢字は下から選びましょう。

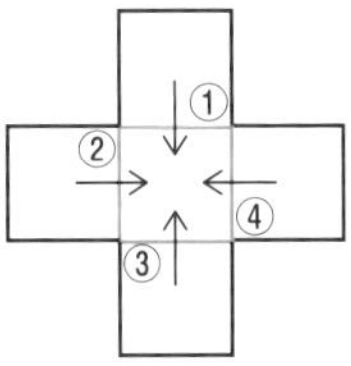

① 混乱（こんらん）　② 反乱（はんらん）　③ 戦乱（せんらん）　④ 波乱（はらん）

（例）上：混　右：波　左：反　下：戦　（中央に）乱

1　上：理　右：評　左：議　下：討

2　上：流　右：立　左：党　下：宗

3　上：共　右：現　左：生　下：保

1　①（　）　②（　）　③（　）　④（　）

2　①（　）　②（　）　③（　）　④（　）

3　①（　）　②（　）　③（　）　④（　）

（12点×7問）

1〜**3**の漢字

災　派　論　難　存

◎残りの二字で二字熟語を作りましょう。（8点）

（　）

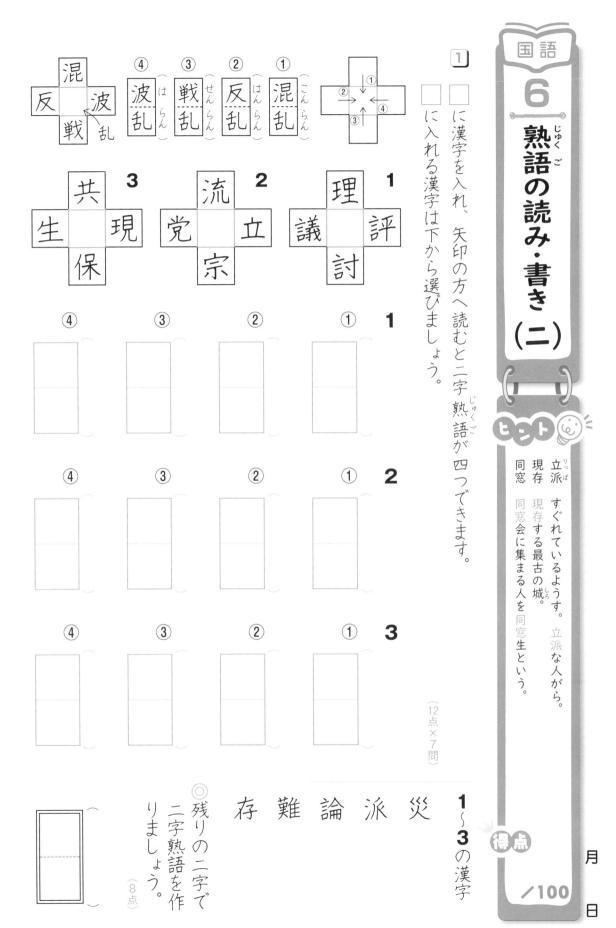

4

利

欲　　腹

財

5

界

察　　野

力

6

情

益　　度

愛

7

意

造　　刊

立

4

①

②

③

④

5

①

②

③

④

6

①

②

③

④

7

①

②

③

④

4〜7の漢字

純　私　忠　創　告　視

◎残りの二字で二字熟語を作りましょう。（8点）

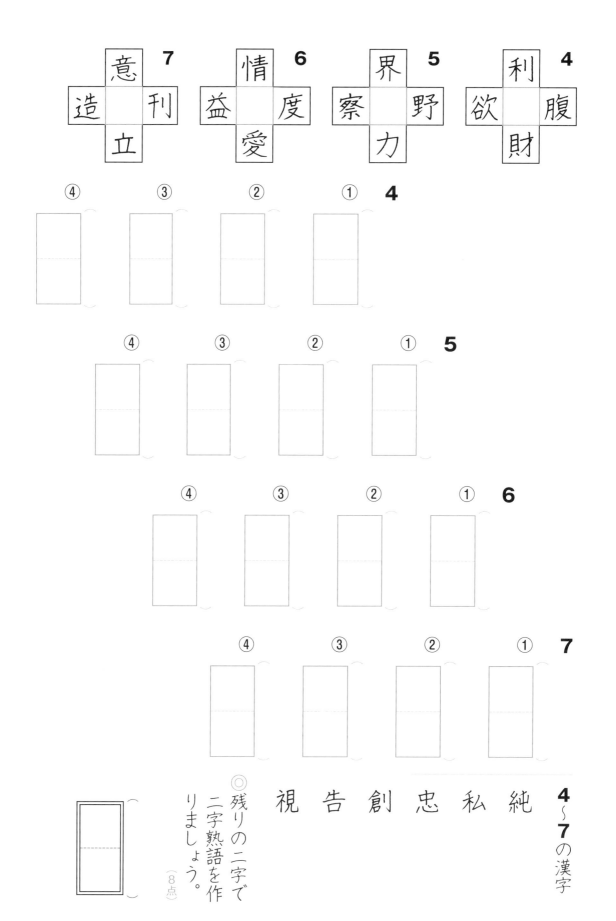

国語

5 熟《じゅく》語《ご》の読み・書き（一）

ヒント

干天　日照り。
私腹　「腹」ではなく私利私欲です。
視野　視野が開ける。視野が広い人。

得点　／100

月　日

1 □に漢字を入れ、矢印の方へ読むと二字熟語《じゅくご》が四つできます。□に入れる漢字は下から選びましょう。（12点×7問）

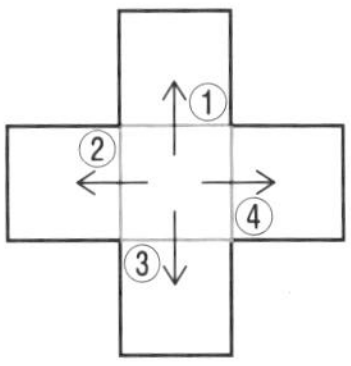

①干潮（かんちょう）　②干害（かんがい）　③干満（かんまん）　④干天（かんてん）

潮（上）　害（左）　天（右）　満（下）　→　干

1　単（上）　略（左）　潔（右）　素（下）

2　重（上）　格（左）　禁（右）　正（下）

3　字（上）　読（左）　差（右）　解（下）

1　①（　　）　②（　　）　③（　　）　④（　　）

2　①（　　）　②（　　）　③（　　）　④（　　）

3　①（　　）　②（　　）　③（　　）　④（　　）

1〜**3**の漢字　厳　異　誤　簡　議

◎残りの二字で二字熟語を作りましょう。（8点）

（　　）

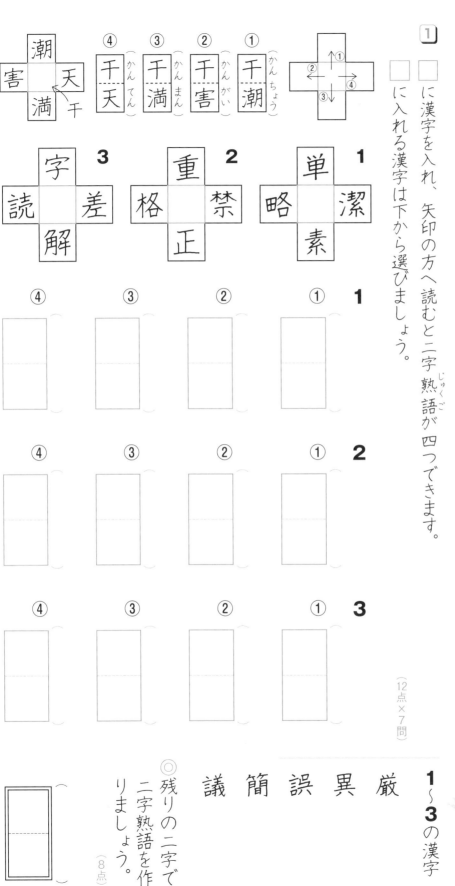

2 □に漢字を書きましょう。

（2点×25問）

①□□《せきらん》雲《うん》

②□□《らんぼう》者《もの》

③□□《かんらん》車《しゃ》

④□□《どうめい》国《こく》

⑤□□《ひひょう》家《か》

⑥□□《なみき》道《みち》

⑦□□《こうほ》者《しゃ》

⑧□□《きんろう》者《しゃ》

⑨□□《そんけい》語《ご》

⑩□□《たくはい》便《びん》

⑪□□《ぶんたん》金《きん》

⑫□□《しょうじ》紙《がみ》

⑬□□《いちょう》薬《やく》

⑭□□《けいさつ》署《しょ》

⑮□□《じょうこう》口《ぐち》

⑯□□《げきだん》員《いん》

⑰□□《すいげん》池《ち》

⑱□□《りょうしゅう》書《しょ》

⑲□□《がっそう》曲《きょく》

⑳□□《どうそう》会《かい》

㉑□□《ひほう》展《てん》

㉒□□《にゅうよう》児《じ》

㉓□□《いちらん》表《ひょう》

㉔□□《やとう》席《せき》

㉕□□《きんにく》質《しつ》

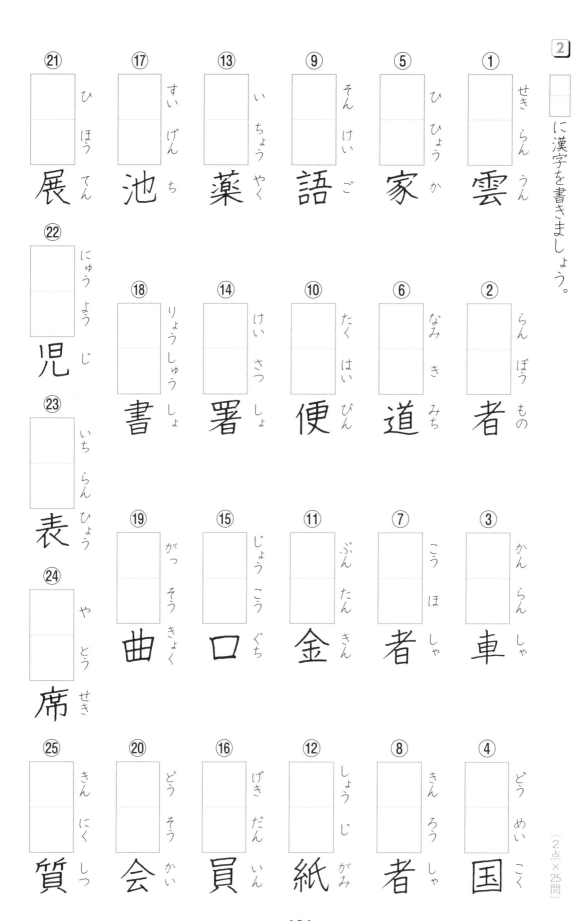

国語

4 漢字の書き（二）

1 □に漢字を書きましょう。（2点×25問）

① □《てん》覧《らん》会《かい》

② □《たん》生《じょう》日《び》

③ □《せん》教《きょう》師《し》

④ □《しゅう》職《しょく》難《なん》

⑤ □《しん》葉《よう》樹《じゅ》

⑥ □《こう》雨《う》量《りょう》

⑦ □《はい》観《かん》料《りょう》

⑧ □《そう》車《しゃ》場《じょう》

⑨ □《のう》出《しゅっ》血《けつ》

⑩ □《じゅう》業《ぎょう》員《いん》

⑪ □《い》伝《でん》子《し》

⑫ □《えい》写《しゃ》機《き》

⑬ □《かく》声《せい》器《き》

⑭ □《そん》在《ざい》感《かん》

⑮ □《すい》直《ちょく》線《せん》

⑯ □《かく》命《めい》児《じ》

⑰ □《ちょ》作《さく》者《しゃ》

⑱ □《うら》番《ばん》組《ぐみ》

⑲ □《じょう》留《りゅう》水《すい》

⑳ □《ゆう》等《とう》生《せい》

㉑ □《すい》進《しん》力《りょく》

㉒ □《ろう》読《どく》会《かい》

㉓ □《かた》手《て》間《ま》

㉔ □《しょう》来《らい》性《せい》

㉕ □《なん》語《ご》句《く》

ヒント

操車場　列車の編成や車両の入れかえをする所。

革命児　革命をもたらすような仕事をなしとげた人。

筋肉質　筋肉が発達している体つき。

得点　／100

月　日

2 □に漢字を書きましょう。

（2点×25問）

① □《だん》□《だん》畑《ばたけ》

② □《い》□《しつ》物《ぶつ》

③ □《う》□《ちゅう》船《せん》

④ □《かん》□《ご》師《し》

⑤ □《ぎ》□《もん》点《てん》

⑥ □《えん》□《ちょう》戦《せん》

⑦ □《かく》□《だい》図《ず》

⑧ □《おん》□《だん》化《か》

⑨ □《えい》□《が》館《かん》

⑩ □《こ》□《きゅう》器《き》

⑪ □《てっ》□《こう》業《ぎょう》

⑫ □《ご》□《こく》米《まい》

⑬ □《けい》□《ざい》界《かい》

⑭ □《さい》□《ばん》官《かん》

⑮ □《よう》□《さん》家《か》

⑯ □《しゅく》□《しゃく》率《りつ》

⑰ □《とう》□《ろん》会《かい》

⑱ □《なん》□《ぱ》船《せん》

⑲ □《のう》□《こつ》堂《どう》

⑳ □《ちゅう》□《しゃ》器《き》

㉑ □《かん》□《しょう》的《てき》

㉒ □《り》□《こ》的《てき》

㉓ □《はっ》□《てん》的《てき》

㉔ □《ひ》□《はん》的《てき》

㉕ □《しん》□《ぴ》的《てき》

国語

3 漢字の書き（一）

1 □に漢字を書きましょう。

① □《げき》作《さっ》家《か》

② □《き》金《きん》属《ぞく》

③ □《い》分《ぶん》子《し》

④ □《し》生《せい》活《かつ》

⑤ □《し》神《しん》経《けい》

⑥ □《すな》時《ど》計《けい》

⑦ □《ぼう》磁《じ》石《しゃく》

⑧ □《にゅう》製《せい》品《ひん》

⑨ □《はり》仕《し》事《ごと》

⑩ □《せん》面《めん》台《だい》

⑪ □《じょ》草《そう》機《き》

⑫ □《けい》察《さつ》犬《けん》

⑬ □《ざ》談《だん》会《かい》

⑭ □《き》発《はつ》油《ゆ》

⑮ □《そう》刊《かん》号《ごう》

⑯ □《き》険《けん》物《ぶつ》

⑰ □《わか》葉《ば》色《いろ》

⑱ □《しゅう》教《きょう》家《か》

⑲ □《しょう》害《がい》物《ぶつ》

⑳ □《みつ》輸《ゆ》入《にゅう》

㉑ □《そう》身《しん》具《ぐ》

㉒ □《らん》気《き》流《りゅう》

㉓ □《よう》年《ねん》期《き》

㉔ □《ゆう》送《そう》料《りょう》

㉕ □《せ》格《かっ》好《こう》

（2点×25問）

ヒント

異分子　同じ団体の中で、他の多くの人たちとちがっている者。

私生活　個人としての生活。

揮発油　ガソリンなどの常温で蒸発しやすい油。

得点　／100

月　日

㉑ 分担金《きん》

㉒ 推進力《りょく》

㉓ 垂直線《せん》

㉔ 探検家

㉕ 衆議院

㉖ 映画館《かん》

㉗ 天《てん》守《しゅ》閣

㉘ 指揮者《しゃ》

㉙ 処女作

㉚ 領収書《しょ》

㉛ 経済学《がく》

㉜ 蒸留水

㉝ 模造品《ひん》

㉞ 肺活量

㉟ 郵便局《きょく》

㊱ 観覧車《しゃ》

㊲ 最高潮

㊳ 再《さい》検討

㊴ 知《ち》識《しき》欲

㊵ 納骨堂《どう》

㊶ 延長戦《せん》

㊷ 革命児《じ》

㊸ 派出所《じょ》

㊹ 洗面器《き》

㊺ 創刊号《ごう》

㊻ 角《かく》砂糖

㊼ 宣教師

㊽ 裁判官《かん》

㊾ 脳出《しゅっ》血《けつ》

㊿ 操車場《じょう》

2 漢字の読み（二）

1 ——線の漢字の読みがなを書きましょう。（2点×50問）

① 背筋力《りょく》

② 人《じん》生《せい》論

③ 雨模様

④ 優待券

⑤ 幼年期《き》

⑥ 密貿《ぼう》易《えき》

⑦ 腹話術

⑧ 桜《さくら》並木

⑨ 補給路

⑩ 積乱雲

⑪ 棒暗《あん》記《き》

⑫ 片手間

⑬ 加盟国《こく》

⑭ 屋《や》根《ね》裏

⑮ 朗読会《かい》

⑯ 死亡届

⑰ 訪問者

⑱ 縮尺率《りつ》

⑲ 私生《せい》活《かつ》

⑳ 宣伝戦《せん》

ヒント

密貿易　法をおかしてひそかに行う貿易。
片手間　主な仕事の合間に別の仕事をすること。
処女作　初めて世に発表した作品。

得点　／100

月　日

㉑ 疑問点《てん》

㉒ 刻一刻

㉓ 選《せん》挙《きょ》権

㉔ 看護師《し》

㉕ 水資源

㉖ 宅配便

㉗ 乳製《せい》品《ひん》

㉘ 新《しん》体操

㉙ 生存権

㉚ 操縦士《し》

㉛ 最盛期

㉜ 無《む》宗教

㉝ 就職難

㉞ 聖誕祭

㉟ 針仕《し》事《ごと》

㊱ 国《こく》税《ぜい》庁

㊲ 絹織《おり》物《もの》

㊳ 貴金属

㊴ 乗降口《ぐち》

㊵ 装身具

㊶ 善後策

㊷ 展望台《だい》

㊸ 同窓会《かい》

㊹ 深《しん》呼吸

㊺ 五穀米《まい》

㊻ 放《ほう》送《そう》劇

㊼ 放射線

㊽ 養蚕家《か》

㊾ 鉄鋼業《ぎょう》

㊿ 若年寄《より》

国語

1 漢字の読み（一）

ヒント
遺失物　忘《わす》れたり落としたりした物。
聖誕祭　クリスマスのこと。
装身具　アクセサリーのこと。

得点　／100

月　日

1 ——線の漢字の読みがなを書きましょう。（2点×50問）

① 異分《ぶん》子《し》

② 火《か》山《ざん》灰

③ 宇宙船《せん》

④ 尊敬語《ご》

⑤ 警報器《き》

⑥ 遺伝子《し》

⑦ 磁力計《けい》

⑧ 紅一《いっ》点《てん》

⑨ 成《せい》長《ちょう》株

⑩ 銀《ぎん》河《が》系

⑪ 遺失物

⑫ 拡大図《ず》

⑬ 欠《けっ》席《せき》届

⑭ 骨格筋

⑮ 常緑樹

⑯ 立《りっ》体《たい》視

⑰ 障子紙《がみ》

⑱ 消《しょう》防《ぼう》署

⑲ 除雪車《しゃ》

⑳ 郷土色《しょく》

6年 答 え

算　数

1 円の面積 (P. 4・5)

1 ① $2\times2\times3.14=12.56$　$\underline{12.56\text{cm}^2}$

② $3\times3\times3.14=28.26$　$\underline{28.26\text{cm}^2}$

③ $8\div2=4$

$4\times4\times3.14=50.24$　$\underline{50.24\text{cm}^2}$

2 ① $3\times3\times3.14\div4\times3=21.195$

($\div4\times3$は$\times\frac{3}{4}$でも可)　$\underline{21.195\text{cm}^2}$

② $3\times3\times3.14\div3\times2=18.84$

($\div3\times2$は$\times\frac{2}{3}$でも可)　$\underline{18.84\text{cm}^2}$

③ $3\times3\times3.14\div6\times5=23.55$

($\div6\times5$は$\times\frac{5}{6}$でも可)　$\underline{23.55\text{cm}^2}$

2 文字を使った式 (P. 6・7)

1 ① $x\times6+300$

② $180\times6+300=1380$　$\underline{1380\text{g}}$

$200\times6+300=1500$　$\underline{1500\text{g}}$

$250\times6+300=1800$　$\underline{1800\text{g}}$

2 ① $(1.5+x)\times2$

② $(1.5+5)\times2=13$　$\underline{13\text{m}}$

$(1.5+8)\times2=19$　$\underline{19\text{m}}$

3 ① $x\times2+6$　② $x\times2+6=20$

③ 7cm　④ 10cm

3 分数のかけ算 (1) (P. 8・9)

1 ① $\frac{3}{4}$　② $\frac{4}{3}$　③ $\frac{15}{28}$　④ $\frac{9}{4}$

⑤ $\frac{10}{7}$　⑥ $\frac{27}{20}$　⑦ $\frac{10}{49}$　⑧ $\frac{35}{24}$

⑨ $\frac{5}{24}$　⑩ $\frac{9}{40}$

2 ① $\frac{15}{14}$　② $\frac{4}{3}$　③ $\frac{7}{6}$　④ $\frac{5}{8}$

⑤ 2　⑥ 2　⑦ $\frac{7}{5}$　⑧ $\frac{3}{4}$

4 分数のかけ算 (2) (P. 10・11)

1 $\frac{3}{4}\times\frac{5}{3}=\frac{5}{4}$　$\underline{\frac{5}{4}\text{kg}}$

2 $\frac{5}{4}\times\frac{6}{5}=\frac{3}{2}$　$\underline{\frac{3}{2}\text{m}^2}$

3 $\frac{4}{5}\times\frac{5}{8}=\frac{1}{2}$　$\underline{\frac{1}{2}\text{m}^3}$

4 ① $\frac{9}{4}\times\frac{10}{3}=\frac{15}{2}$　$\underline{\frac{15}{2}\text{cm}^2}$

② $\frac{12}{5}\times\frac{7}{3}=\frac{28}{5}$　$\underline{\frac{28}{5}\text{cm}^2}$

③ $\frac{8}{3}\times\frac{8}{3}=\frac{64}{9}$　$\underline{\frac{64}{9}\text{cm}^2}$

④ $\frac{18}{5}\times\frac{10}{3}=12$　$\underline{12\text{cm}^2}$

5 分数のわり算 (1) (P. 12・13)

1 ① $\frac{8}{15}$　② $\frac{20}{63}$　③ $\frac{9}{10}$　④ $\frac{40}{49}$

⑤ $\frac{35}{36}$　⑥ $\frac{16}{21}$　⑦ $\frac{25}{56}$　⑧ $\frac{35}{6}$

2 ① $\frac{9}{4}$　② $\frac{15}{14}$　③ $\frac{4}{9}$　④ $\frac{14}{15}$

⑤ 2　⑥ $\frac{3}{2}$

6 分数のわり算 (2) (P. 14・15)

1 $\frac{18}{7}\div\frac{12}{7}=\frac{3}{2}$　$\underline{\frac{3}{2}\text{m}}$

2 $\frac{10}{3}\div\frac{5}{9}=6$　$\underline{6\text{kg}}$

3 $\frac{8}{7}\div\frac{8}{3}=\frac{3}{7}$　$\underline{\frac{3}{7}\text{m}^2}$

4 ① $\frac{14}{5}\div\frac{7}{3}=\frac{6}{5}$　$\underline{\frac{6}{5}\text{cm}}$

② $\frac{28}{9}\div\frac{4}{3}=\frac{7}{3}$　$\underline{\frac{7}{3}\text{cm}}$

③ $\frac{10}{3}\times2=\frac{20}{3}$

$\frac{20}{3}\div\frac{15}{4}=\frac{16}{9}$　$\underline{\frac{16}{9}\text{m}}$

④ $8\times2=16$

$16\div\frac{14}{5}=\frac{40}{7}$　$\underline{\frac{40}{7}\text{m}}$

7 分数の計算 (P. 16・17)

1 ① $\frac{2}{5}$　② $\frac{1}{3}$　③ $\frac{2}{5}$

2 ① $\frac{7}{12}$　② $\frac{1}{10}$

8 小数と分数の計算 (P. 18・19)

1 ① $\frac{7}{10}$　② $\frac{1}{10}$

③ $\frac{3}{100}$　④ $\frac{53}{100}$

2 ① $\frac{3}{5}$　② $\frac{4}{5}$

③ $\frac{29}{12}$　④ $\frac{5}{8}$

3 ① $\frac{8}{15}$ ② $\frac{9}{8}$
③ $\frac{5}{27}$ ④ $\frac{6}{7}$

4 ① $\frac{1}{3}$ ② $\frac{25}{24}$

9 対称な図形 (P. 20・21)

1 ○をつけるもの
㋐, ㋒, ㋓, ㋔, ㋕, ㋗

2 ○をつけるもの
㋑, ㋓, ㋔, ㋕

10 比 (P. 22・23)

1 ① 1：3 ② 4：3 ③ 2：3
④ 6：5 ⑤ 3：2 ⑥ 3：2
⑦ 1：3 ⑧ 4：7 ⑨ 3：4
⑩ 7：9

2 ① 6：8：10＝3：4：5
② 9：12：6＝3：4：2

3 3：2, 6：4, 9：6, 12：8
15：10, 18：12, 21：14, 24：16
27：18 などから3つ以上

4 ① 9 ② 16 ③ 21 ④ 7
⑤ 5 ⑥ 3 ⑦ 3

5 ① $\frac{3}{5}$(0.6) ② $\frac{4}{7}$ ③ $\frac{2}{7}$
④ $\frac{5}{7}$ ⑤ $\frac{3}{2}$(1.5)

11 拡大図と縮図 (P. 24・25)

省略

12 角柱と円柱 (P. 26・27)

1 ① 36×12＝432 432cm^3
② 6×8÷2＝24
24×12＝288 288cm^3
③ 12×12＝144
144×18＝2592 2592cm^3

2 ① 72×8＝576 576cm^3
② 5×5×3.14＝78.5
78.5×19＝1491.5 1491.5cm^3
③ 9×9×3.14＝254.34
254.34×9＝2289.06
2289.06cm^3

13 比例と反比例 (P. 28・29)

1 ① ○ ② △ ③ × ④ ○
⑤ × ⑥ △

2 ① $y＝20×x$
② $y＝50÷x$ ($y＝50×\frac{1}{x}$)
③ $y＝x×10$

3 ① ㋐ 50 ㋑ 8
② $y＝40÷x$ ($y＝40×\frac{1}{x}$)

4 60×6÷80＝4.5 4.5時間

5 ① △ ② ○ ③ ○ ④ △

14 資料の整理 (P. 30・31)

1 ① 式 324+336＝660 (6年生全員の体重)
660÷20＝33 約33kg

②
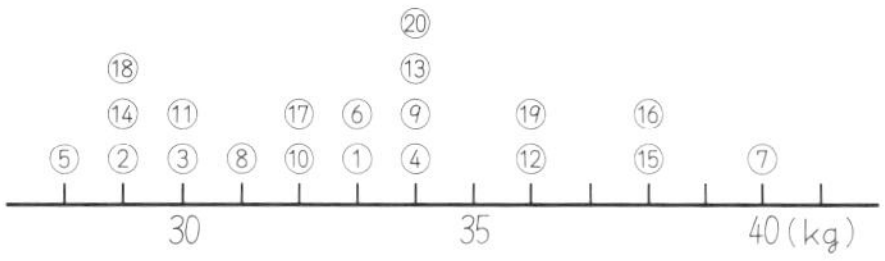

③ 最ひん値 34kg
中央値 33kg

④

階級 (kg)	度数 (人)	
以上 未満	正の字	
28～30	下	4
30～32	下	3
32～34	下	4
34～36	下	4
36～38	丅	2
38～40	丅	2
40～42	一	1
計		20

⑤
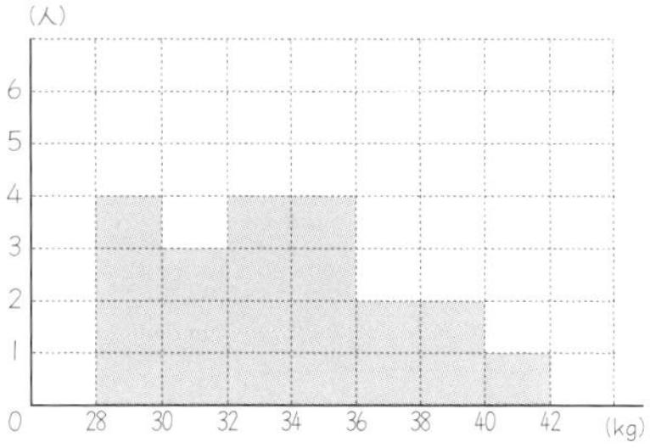

15 場合の数 (P. 32・33)

1
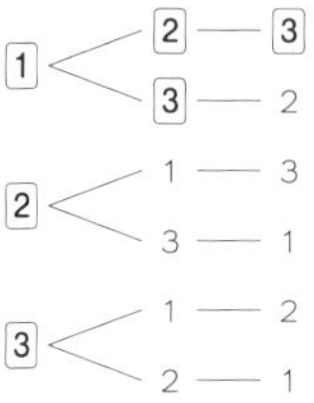

6通り

2 ①
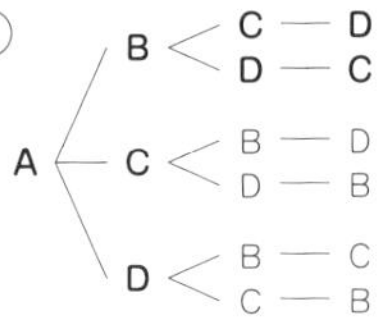

6通り

② 24通り

3

りんご	みかん	なし	いちご
○	○		
○		○	
○			○
	○	○	
	○		○
		○	○

6通り

4 8通り

5 12通り

16 中学校に向けて⑴ 0より小さい数 (P. 34)

1 ① −3(℃) ② 3(℃)

③ −5 ④ 7

2
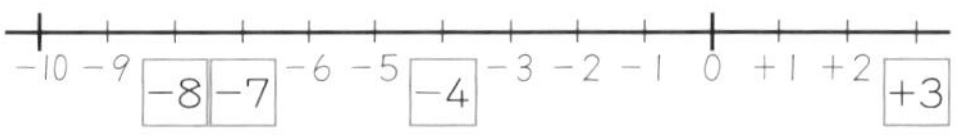

3 ① ③ ② −1

17 中学校に向けて⑵ 文字式の表し方 (P. 35)

1 ① $4x$ ② $10x$

③ $7x$ ④ xy

⑤ $3xy$ ⑥ $5xy$

2 ① $2x=16$

$x=16\div2=8$

② $3x=18$

$x=18\div3=6$

③ $4x=20$

$x=20\div4=5$

④ $6x=48$

$x=48\div6=8$

理　科

1 ものが燃えるとき (P. 36・37)

1 ① ㋑ ② ㋒ ③ ㋑ ④ ㋓

⑤ ㋑ ⑥ ㋓

2 ① はげしく ② 石灰水 ③ 白く

④ 二酸化炭素 ⑤ 酸素 ⑥ 燃やす

⑦ 二酸化炭素

3 ① 二酸化炭素 ② ちっ素

③ 酸素

4 ⑴ ① ㋑ ② ㋓

⑵ ① ㋐ ② ㋒

2 ヒトや動物の体 (P. 38・39)

1 ① 気管 ② 肺

③ 肺ほう ④ 毛細血管

2 ○をつけるもの ①、②、③、⑥

3 ① × ② ○ ③ ○

④ ○ ⑤ ×

4 ① にぎりこぶし ② 脈はく

③ 4 ④ 肺

⑤ 全身 ⑥ べん

⑦ 動脈 ⑧ 静脈

3 植物の養分と水の通り道 (P. 40・41)

1 ⑴ ① でんぷん ② とけません

③ 果実 ④ 緑色

⑤ 葉

⑵ ① 時期 ② くき ③ つる

2 ① 縦 ② 円形 ③ 赤

④ 水 ⑤ 赤

3 ⑴ ①

⑵ 二酸化炭素

⑶ 植物の呼吸

4 月と太陽 (P. 42・43)

1 ① ㋗ ② ㋑ ③ ㋖ ④ ㋐

⑤ ㋓ ⑥ ㋕ ⑦ ㋔ ⑧ ㋒

2 ① ○ ② △ ③ ○ ④ ○

⑤ ○　⑥ ○　⑦ △　⑧ △
⑨ △　⑩ ×　⑪ ○　⑫ △
⑬ ×　⑭ △　⑮ △

5 大地のつくりと変化 (P. 44・45)

1 (④, ⑤は順不同)
① 小石　② 砂
③ ねん土　④ 速さ
⑤ 水量　⑥ しずむ場所
⑦ 地層　⑧ 海

2 (1) 地層
(2) ○をつけるもの…①

3 化石

4 ㋑→㋓→㋒→㋐→㋔

5 ① ○　② ×　③ ○　④ ×
⑤ ○　⑥ ×

6 水よう液の性質 (P. 46・47)

1 ① ×　② ×　③ ○　④ ○
⑤ ×　⑥ ○

2 (1) 赤く変化する
(2) 変化しない
(3) ○をつけるもの…①

3 (1) ㋐ 食塩水　㋑ 塩酸
㋒ 水酸化ナトリウム水よう液
(2) ○をつけるもの…①

7 てこのしくみとはたらき (P. 48・49)

1 (1) ア 作用点　イ 支点
エ 力点
(2) C
(3) てこの利用

2 (1) ① ㋐と㋒　② ㋐と㋑
③ ㋒と㋓
(2) ㋓

3 (1) 50
(2) 24

4 ① 15　② 30　③ 50　④ 20
⑤ 60　⑥ 10

5 ① ㋐ (作)　㋑ (支)　㋒ (力)
② ㋐ (力)　㋑ (作)　㋒ (支)

8 電気の利用 (1) (P. 50・51)

1 (1) ㋐ 回転子　㋑ 整流子　㋒ 永久磁石
(2) 多くなる
(3) 逆になる
(4) ○をつけるもの…①
(5) ○をつけるもの…①

2 (1) ① 手まわし発電機
② コンデンサー
③ 電熱器
④ 発光ダイオード
⑤ ベル
⑥ 電球
(2) ①
(3) ②
(4) ⑤
(5) ④、⑥
(6) ③

9 電気の利用 (2) (P. 52・53)

1 ① 直角　② 電気スタンド
③ 近づけ　④ 重ねて

2 (1) 検《けん》流計（電流計）
(2) 電流の強さ（電流の量)、電流の向き

3 (1) ① 風　② 発電
③ 少なく　④ 山
⑤ 自然
(2) ① 石油　② 水
③ 水蒸気　④ タービン
⑤ 発電

10 生物と環境 (1) (P. 54・55)

1 (1) ① 水　② 酸素
③ 二酸化炭素　④ 呼吸
⑤ 緑色　⑥ でんぷん
⑦ 酸素
(2) ① 養分　② 植物　③ 動物

2 ① 水蒸気　② 雲
③ 雨　④ 川

⑤ 海

3 ① ○ ② × ③ ○ ④ × ⑤ ○

11 生物と環境 (2) (P. 56・57)

1 ① 太陽 ② 大気
③ 水 ④ 生物
⑤ 地球 ⑥ 自然
⑦ 砂ばく化 ⑧ 温暖化
⑨ 酸性雨 ⑩ オゾン層の破かい

2 (1) ① Ⓐ 酵素 Ⓑ 二酸化炭素
② 養分（食べ物）
③ 人、動物、植物
(2) ① × ② ○
③ ○ ④ ×
⑤ × ⑥ ○

社 会

1 わたしたちの生活と政治 (P. 58・59)

1 (1) ① 衆議 ② 参議 ③ 4 ④ 6
⑤ 18 ⑥ 18 ⑦ 25 ⑧ 30
(2) 二院制
(3) ① 法律 ② 立法
(4) 最高

2 (1) ㋐ 立法 ㋑ 行政 ㋒ 司法
(2) 三権分立
(3) Ⓐ 選挙 Ⓑ 世論 Ⓒ 国民審査
(4) ③ 憲法 ⑤ 法律 ⑥ 裁判

2 世界の中の日本 (P. 60・61)

1 ㋐ 中華人民共和国 ㋑ 大韓民国
㋒ アメリカ合衆国 ㋓ サウジアラビア王国

2 (1) ニューヨーク
(2) 安全保障理事会
(3) ① 国連児童基金（ユニセフ）
② 国連教育科学文化機関（ユネスコ）
③ 国連環境計画

3 縄文・弥生・古墳時代 (P. 62・63)

1 ㋐ 縄文時代 ㋑ 弥生時代

2 (1) ① 石包丁《いしぼうちょう》 ② 弥生土器 ③ くわ
(2) 高床倉庫

3 ① (あ) ② (う) ③ (い) ④ (え)

4 (1) 前方後円墳
(2) 王や豪族の墓
(3) 自分の力の強さを示すため

4 飛鳥・奈良時代 (P. 64・65)

1 (1) ① 飛鳥 ② 奈良
③ 十七条の憲法 ④ 遣隋使
⑤ 平城京
(2) 法隆寺
(3) 中大兄皇子
(4) 建てさせた人…聖武天皇
寺の名前…東大寺
(5) 行基

2 ① ○ ② × ③ × ④ ○

3 (1) 正倉院
(2) ① ○ ② ○ ③ ×

5 平安時代 (P. 66・67)

1 (1) ① 平安京 ② 遣唐使 ③ 平清盛
④ 壇ノ浦
(2) 藤原道長
(3) 寝殿造（しんでんづくり）
(4) 十二単（じゅうにひとえ）

2 (1) 武士
(2) 平清盛
(3) ① × ② × ③ ○

3 (1) 遣唐使が廃止されたため
(2) ひらがな
(3) 源氏物語、枕草子、竹取物語
などから２つ

6 鎌倉時代 (P. 68・69)

1 (1) ① 鎌倉 ② 源頼朝 ③ 元
(2) ㋐ 地頭 ㋑ 守護
(3) ㋐ 御恩 ㋑ 奉公

(4) ○をつけるもの…北条氏

2 ① ○　② ×　③ ○
④ ○　⑤ ×

3 (1) 北条時宗
(2) ○をつけるもの…②

7 室町時代 (P. 70・71)

1 (1) ① 室町　② 足利
③ 足利義満　④ 足利義政
(2) ① (か)　② (え)　③ (き)　④ (い)

2 (②, ③は順不同)
① (う)　② (あ)　③ (え)　④ (お)

3 ① ○　② ○　③ ×
④ ×　⑤ ×　⑥ ○

8 安土・桃山時代 (P. 72・73)

1 (1) ① 安土・桃山　② 種子島
③ 織田信長　④ 安土
⑤ 本能寺　⑥ 豊臣(羽柴)秀吉
⑦ 朝鮮
(2) フランシスコ＝ザビエル
(3) 〈例〉農民の一揆を防ぐため
身分のきまりを確立するため　など

2 ① ㋐　② ㋒　③ ㋖　④ ㋕

3 ① 明智光秀　② 大阪城　③ 検地
④ 刀狩　⑤ 身分

9 江戸時代 (P. 74・75)

1 (1) ① 江戸　② 徳川家康
③ 参勤交代
④ 慶安のおふれ書き
(2) 徳川家光
(3) きびしいキリスト教の取りしまりや、税（ねんぐ）の取り立てに反対するため
(4) さらにきびしくキリスト教を取りしまった
(5) オランダと清（中国）

2 (④, ⑤は順不同)
① 朝　② 昼　③ 晩
④ 茶　⑤ 酒　⑥ あわ
⑦ 米

3 歌舞伎 ― 近松門左衛門
国学 ― 本居宣長
参勤交代 ― 大名行列
日本地図 ― 伊能忠敬
浮世絵 ― 歌川広重
解体新書 ― 杉田玄白

10 明治時代 (P. 76・77)

1 (1) (あ) 江戸　(い) 明治
① 政権　② 五か条の御誓文
③ ノルマントン号　④ 大日本帝国憲法
⑤ 日清　⑥ 日露
⑦ 韓国（朝鮮）
(2) Ⓐ 版籍奉還　Ⓑ 四民平等
Ⓒ 廃藩置県　Ⓓ 徴兵制度
Ⓔ 地租改正

2 ① 蚕(かいこ)　② 絹(シルク)
③ 軽

3 ① 軽　② 生糸
③ 工女　④ 日露
⑤ 重　⑥ 足尾
⑦ 衆議院議員　⑧ 田中正造
⑨ 国会　⑩ うったえ

11 大正・昭和の時代 (P. 78・79)

1 (1) (あ) 満州事変　(い) 日中戦争
(う) 太平洋戦争　(え) 原子爆弾
(お) ポツダム宣言
(2) 15
(3) ① ヨーロッパ　② アジア
(4) ㋐ ○　㋑ ×　㋒ ×　㋓ ○

2 (④, ⑤は順不同)
① アメリカ合衆国　② ソビエト連邦
③ 冷たい戦争　④ ドイツ
⑤ 朝鮮　⑥ 核兵器
⑦ 朝鮮戦争
⑧ サンフランシスコ平和条約
⑨ 日米安全保障条約　⑩ 中華人民共和国

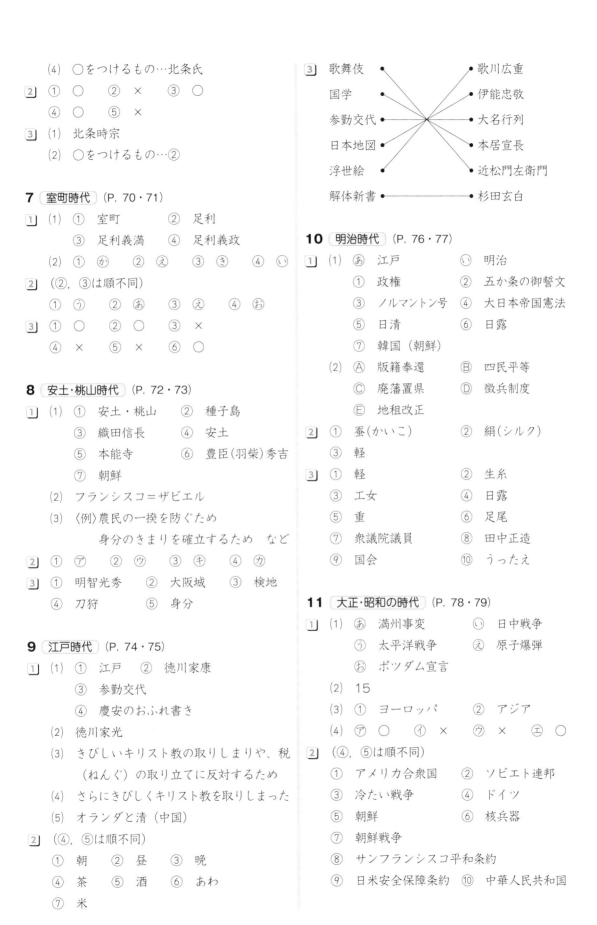

英語

1 できることや四季の行事 (P. 80・81)

1 省略

2 省略

3

4 Ken can jump high.

5 省略

6 In autumn,
we have momijigari.

7

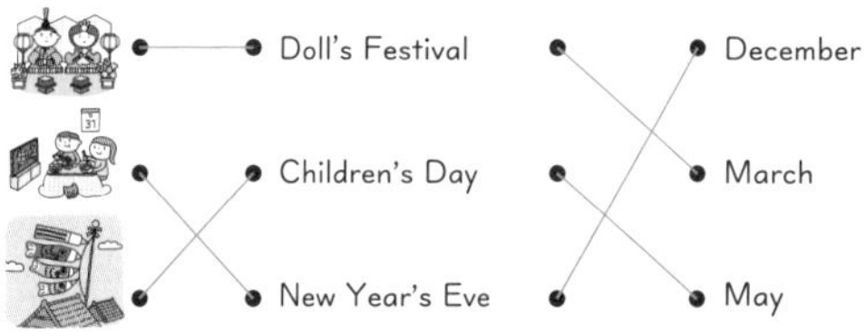

2 行きたい国と行ったところ (P. 82・83)

1 省略

2 行きたい国　Australia
見たいもの　koala(s)

3 省略

4 省略

5 Aki（アキ）　青森県
Ken（ケン）　三重県

6 省略

3 案内しよう (P. 84・85)

1 省略

2

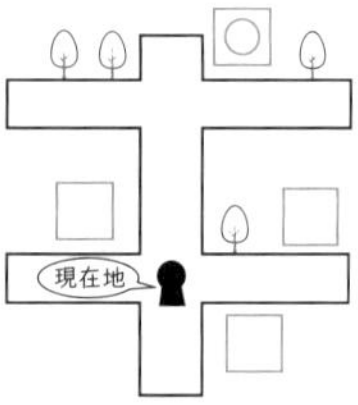

3 省略

4 省略

4 小学校の思い出と中学校にむけて (P. 86・87)

省略

国語

1 漢字の読み ㈠ (P. 130・131)

1

① いぶんし
② かざんばい
③ うちゅうせん
④ そんけいご
⑤ けいほうき
⑥ いでんし
⑦ じりょくけい
⑧ こういってん
⑨ せいちょうかぶ
⑩ ぎんがけい
⑪ いしつぶつ
⑫ かくだいず
⑬ けっせきとどけ
⑭ こっかくきん
⑮ じょうりょくじゅ
⑯ りったいし
⑰ しょうじがみ
⑱ しょうぼうしょ
⑲ じょせつしゃ
⑳ きょうどしょく
㉑ ぎもんてん
㉒ こくいっこく
㉓ せんきょけん
㉔ かんごし
㉕ みずしげん
㉖ たくはいびん
㉗ にゅうせいひん
㉘ しんたいそう
㉙ せいぞんけん
㉚ そうじゅうし
㉛ さいせいき
㉜ むしゅうきょう
㉝ しゅうしょくなん
㉞ せいたんさい
㉟ はりしごと
㊱ こくぜいちょう
㊲ きぬおりもの
㊳ ききんぞく
㊴ じょうこうぐち
㊵ そうしんぐ
㊶ ぜんごさく
㊷ てんぼうだい
㊸ どうそうかい
㊹ しんこきゅう
㊺ ごこくまい
㊻ ほうそうげき
㊼ ほうしゃせん
㊽ ようさんか
㊾ てっこうぎょう
㊿ わかどしより

2 漢字の読み㈡ (P. 128・129)

1

① はいきんりょく
② じんせいろん
③ あめもよう
④ ゆうたいけん
⑤ ようねんき
⑥ みつぼうえき
⑦ ふくわじゅつ
⑧ さくらなみき
⑨ ほきゅうろ
⑩ せきらんうん
⑪ ぼうあんき
⑫ かたてま
⑬ かめいこく
⑭ やねうら
⑮ ろうどくかい
⑯ しぼうとどけ
⑰ ほうもんしゃ
⑱ しゅくしゃくりつ
⑲ しせいかつ
⑳ せんでんせん
㉑ ぶんたんきん
㉒ すいしんりょく
㉓ すいちょくせん
㉔ たんけんか
㉕ しゅうぎいん
㉖ えいがかん
㉗ てんしゅかく
㉘ しきしゃ
㉙ しょじょさく
㉚ りょうしゅうしょ
㉛ けいざいがく
㉜ じょうりゅうすい
㉝ もぞうひん
㉞ はいかつりょう
㉟ ゆうびんきょく
㊱ かんらんしゃ
㊲ さいこうちょう
㊳ さいけんとう
㊴ ちしきよく
㊵ のうこつどう
㊶ えんちょうせん
㊷ かくめいじ
㊸ はしゅつじょ
㊹ せんめんき
㊺ そうかんごう
㊻ かくざとう
㊼ せんきょうし
㊽ さいばんかん
㊾ のうしゅっけつ
㊿ そうしゃじょう

3 漢字の書き㈠ (P. 126・127)

1

① 劇
② 貴
③ 異
④ 私
⑤ 視
⑥ 砂
⑦ 棒
⑧ 乳
⑨ 針
⑩ 洗
⑪ 除
⑫ 警
⑬ 座
⑭ 揮
⑮ 創
⑯ 危
⑰ 若
⑱ 宗
⑲ 障
⑳ 密
㉑ 装
㉒ 乱
㉓ 幼
㉔ 郵
㉕ 背

2

① 段段
② 遺失
③ 宇宙
④ 看護
⑤ 疑問
⑥ 延長
⑦ 拡大
⑧ 温暖
⑨ 映画
⑩ 呼吸
⑪ 鉄鋼
⑫ 五穀
⑬ 経済
⑭ 裁判
⑮ 養蚕
⑯ 縮尺
⑰ 討論
⑱ 難破
⑲ 納骨
⑳ 注射
㉑ 感傷
㉒ 利己
㉓ 発展
㉔ 批判
㉕ 神秘

4 漢字の書き㈡ (P. 124・125)

1

① 展
② 誕
③ 宣
④ 就
⑤ 針
⑥ 降
⑦ 拝
⑧ 操
⑨ 脳
⑩ 従
⑪ 遺
⑫ 映
⑬ 拡
⑭ 存
⑮ 垂
⑯ 革
⑰ 著
⑱ 裏
⑲ 蒸
⑳ 優
㉑ 推
㉒ 朗
㉓ 片
㉔ 将
㉕ 難

2

① 積乱
② 乱暴
③ 観覧
④ 同盟
⑤ 批評
⑥ 並木
⑦ 候補
⑧ 勤労
⑨ 尊敬
⑩ 宅配
⑪ 分担
⑫ 障子
⑬ 胃腸
⑭ 警察
⑮ 乗降
⑯ 劇団
⑰ 水源
⑱ 領収
⑲ 合奏
⑳ 同窓
㉑ 秘宝
㉒ 乳幼
㉓ 一覧
㉔ 野党
㉕ 筋肉

5 熟語の読み・書き ㈠ (P. 122・123)

1 簡　2 厳　3 誤　4 私　5 視　6 純　7 創

1 ① 簡単《かんたん》 ② 簡略《かんりゃく》 ③ 簡素《かんそ》 ④ 簡潔《かんけつ》

2 ① 厳重《げんじゅう》 ② 厳格《げんかく》 ③ 厳正《げんせい》 ④ 厳禁《げんきん》

3 ① 誤字《ごじ》 ② 誤読《ごどく》 ③ 誤解《ごかい》 ④ 誤差《ごさ》

異議《いぎ》

4 ① 私利《しり》 ② 私欲《しよく》 ③ 私財《しざい》 ④ 私腹《しふく》

5 ① 視界《しかい》 ② 視察《しさつ》 ③ 視力《しりょく》 ④ 視野《しや》

6 ① 純情《じゅんじょう》 ② 純益《じゅんえき》 ③ 純愛《じゅんあい》 ④ 純度《じゅんど》

7 ① 創意《そうい》 ② 創造《そうぞう》 ③ 創立《そうりつ》 ④ 創刊《そうかん》

忠告《ちゅうこく》

6 熟語の読み・書き ㈡ (P. 120・121)

1 論　2 派　3 存　4 窓　5 刻　6 域　7 宅

1 ① 理論《りろん》 ② 議論《ぎろん》 ③ 討論《とうろん》 ④ 評論《ひょうろん》

2 ① 流派《りゅうは》 ② 党派《とうは》 ③ 宗派《しゅうは》 ④ 立派《りっぱ》

3 ① 共存《きょうぞん》 ② 生存《せいぞん》 ③ 保存《ほぞん》 ④ 現存《げんぞん》

災難《さいなん》

4 ① 同窓《どうそう》 ② 車窓《しゃそう》 ③ 天窓《てんまど》 ④ 出窓《でまど》

5 ① 時刻《じこく》 ② 定刻《ていこく》 ③ 夕刻《ゆうこく》 ④ 深刻《しんこく》

6 ① 区域《くいき》 ② 流域《りゅういき》 ③ 領域《りょういき》 ④ 海域《かいいき》

7 ① 自宅《じたく》 ② 住宅《じゅうたく》 ③ 在宅《ざいたく》 ④ 帰宅《きたく》

総裁《そうさい》

7 熟語の読み・書き ㈢ (P. 118・119)

1 権　2 穀　3 座　4 憲　5 収　6 存　7 熟

1 ① 人権《じんけん》 ② 主権《しゅけん》 ③ 権利《けんり》 ④ 権力《けんりょく》

2 ① 五穀《ごこく》 ② 雑穀《ざっこく》 ③ 穀類《こくるい》 ④ 穀倉《こくそう》

3 ① 星座《せいざ》 ② 車座《くるまざ》 ③ 座席《ざせき》 ④ 座談《ざだん》

縮尺《しゅくしゃく》

4 ① 護憲《ごけん》 ② 立憲《りっけん》 ③ 憲法《けんぽう》 ④ 憲章《けんしょう》

5 ① 回収《かいしゅう》 ② 増収《ぞうしゅう》 ③ 収容《しゅうよう》 ④ 収支《しゅうし》

6 ① 生存《せいぞん》 ② 保存《ほぞん》 ③ 存続《そんぞく》 ④ 存在《そんざい》

7 ① 習熟《しゅうじゅく》 ② 成熟《せいじゅく》 ③ 熟達《じゅくたつ》 ④ 熟読《じゅくどく》

演奏《えんそう》

8 漢字の書き・意味 ㈠ (P. 116・117)

1

① 尊厳 → 厳密 → 密閉 → 閉幕 → 幕府

② 憲政 → 政策 → 策動 → 動乱 → 乱射

③ 大恩 → 恩人 → 人権 → 権利 → 利己

④ 収縮 → 縮尺 → 尺八 → 八方 → 方策

⑤ 沿海 → 海流 → 流派 → 派手 → 手段

〈例〉

⑥ たっとく、おごそかなこと、重々しくけだかいこと

⑦ ひそかに計画をたてて行動すること

⑧ 自分だけの利益や楽しみをはかること

⑨ 竹で作った日本の笛

長さは、ふつう一尺八寸なので尺八という

⑩ うでまえやわざなどで、どくとくのやり方をもっている集団

9 漢字の書き・意味 (二) (P. 114・115)

1

① 看護→護衛→衛視→視野→野党
② 書簡→簡単→単純→純綿→綿棒
③ 肺臓→臓器→器官→官庁→庁舎
④ 貴重→重傷→傷口→口裏→裏腹
⑤ 背中→中腹→腹痛→痛感→感激

〈例〉
⑥ 国会の警護《けいご》・かんしにあたる職員
⑦ 手紙
⑧ 生物の体の中で、ある決まった働きをうけもつところ
⑨ あべこべ　さかさま　いうこととすることがちがう
⑩ 心に強く感じること

10 漢字の書き・意味 (三) (P. 112・113)

1

① 役割→割高→高価→価値→値段
② 干潮→潮流→流動→動乱→乱暴
③ 呼吸→吸収→収納→納骨→骨格
④ 尊敬→敬意→意欲→欲望→望郷
⑤ 尊厳→厳寒→寒暖→暖冬→冬至

〈例〉
⑥ 品物の割に値段《ねだん》が高いこと
⑦ 潮が満ちたり引いたりするために起きる海水の流れ
世の移り変わり
⑧ お金を納《おさ》めること　物をしまうこと
⑨ ふるさとをなつかしく思うこと
⑩ 一年中で昼が一番短く、夜が一番長い日

11 四字熟語 (一) (P. 110・111)

1

① 大同小異《だいどうしょうい》
② 難行苦行《なんぎょうくぎょう》
③ 半信半疑《はんしんはんぎ》
④ 面従腹背《めんじゅうふくはい》
⑤ 私利私欲《しりしよく》
⑥ 三拝九拝《さんぱいきゅうはい》
⑦ 一心不乱《いっしんふらん》
⑧ 天気晴朗《てんきせいろう》
⑨ 天変地異《てんぺんちい》
⑩ 時時刻刻《じじこっこく》
⑪ 危急存亡《ききゅうそんぼう》
⑫ 感謝感激《かんしゃかんげき》
⑬ 異口同音《いくどうおん》
⑭ 単純明快《たんじゅんめいかい》
⑮ 針小棒大《しんしょうぼうだい》
⑯ 党首討論《とうしゅとうろん》
⑰ 誠心誠意《せいしんせいい》
⑱ 千編一律《せんぺんいちりつ》
⑲ 大器晩成《たいきばんせい》
⑳ 作詞作曲《さくしさっきょく》

12 四字熟語 (二) (P. 108・109)

1

① 宇宙遊泳《うちゅうゆうえい》
② 雨天順延《うてんじゅんえん》
③ 経済政策《けいざいせいさく》
④ 永久磁石《えいきゅうじしゃく》
⑤ 針葉樹林《しんようじゅりん》
⑥ 三権分立《さんけんぶんりつ》
⑦ 児童憲章《じどうけんしょう》
⑧ 男女同権《だんじょどうけん》
⑨ 声帯模写《せいたいもしゃ》
⑩ 乳酸飲料《にゅうさんいんりょう》
⑪ 党利党略《とうりとうりゃく》
⑫ 生存競争《せいぞんきょうそう》
⑬ 賛否両論《さんぴりょうろん》
⑭ 暖冬異変《だんとういへん》
⑮ 平均賃金《へいきんちんぎん》
⑯ 郵便番号《ゆうびんばんごう》
⑰ 自律神経《じりつしんけい》
⑱ 神社仏閣《じんじゃぶっかく》
⑲ 降水確率《こうすいかくりつ》
⑳ 酸素吸入《さんそきゅうにゅう》

13 熟語の読み・書き㈣ （P. 106・107）

策1 値2 詞3 装4 段5 筋6 優7

1 ①対策《たいさく》 ②失策《しっさく》 ③無策《むさく》 ④政策《せいさく》

2 ①価値《かち》 ②数値《すうち》 ③高値《たかね》 ④安値《やすね》

3 ①歌詞《かし》 ②作詞《さくし》 ③名詞《めいし》 ④動詞《どうし》

無傷《むきず》

4 ①服装《ふくそう》 ②変装《へんそう》 ③改装《かいそう》 ④仮装《かそう》

5 ①手段《しゅだん》 ②値段《ねだん》 ③階段《かいだん》 ④格段《かくだん》

6 ①本筋《ほんすじ》 ②道筋《みちすじ》 ③首筋《くびすじ》 ④血筋《ちすじ》

7 ①俳優《はいゆう》 ②女優《じょゆう》 ③男優《だんゆう》 ④声優《せいゆう》

経済《けいざい》

14 熟語の読み・書き㈤ （P. 104・105）

裁1 城2 担3 潮4 展5 幕6 宝7

1 ①和裁《わさい》 ②洋裁《ようさい》 ③裁判《さいばん》 ④裁決《さいけつ》

2 ①古城《こじょう》 ②落城《らくじょう》 ③城内《じょうない》 ④城門《じょうもん》

3 ①分担《ぶんたん》 ②負担《ふたん》 ③担当《たんとう》 ④担任《たんにん》

呼吸《こきゅう》

4 ①黒潮《くろしお》 ②親潮《おやしお》 ③潮時《しおどき》 ④潮風《しおかぜ》

5 ①出展《しゅってん》 ②発展《はってん》 ③展示《てんじ》 ④展望《てんぼう》

6 ①開幕《かいまく》 ②閉幕《へいまく》 ③幕府《ばくふ》 ④幕末《ばくまつ》

7 ①国宝《こくほう》 ②家宝《かほう》 ③宝船《たからぶね》 ④宝物《たからもの》（ほうもつ）

単純《たんじゅん》

15 熟語の読み・書き㈥ （P. 102・103）

幼1 党2 閉3 痛4 乱5 論6 善7

1 ①幼児《ようじ》 ②幼年《ようねん》 ③幼魚《ようぎょ》 ④幼虫《ようちゅう》

2 ①党首《とうしゅ》 ②党員《とういん》 ③党派《とうは》 ④党則《とうそく》

3 ①閉館《へいかん》 ②閉会《へいかい》 ③閉店《へいてん》 ④閉門《へいもん》

暖流《だんりゅう》

4 ①痛快《つうかい》 ②痛打《つうだ》 ③痛切《つうせつ》 ④痛感《つうかん》

5 ①乱戦《らんせん》 ②乱読《らんどく》 ③乱暴《らんぼう》 ④乱入《らんにゅう》

6 ①論文《ろんぶん》 ②論説《ろんせつ》 ③論議《ろんぎ》 ④論争《ろんそう》

7 ①善人《ぜんにん》 ②善良《ぜんりょう》 ③善政《ぜんせい》 ④善悪《ぜんあく》

探究《たんきゅう》

16 同訓異義語 （P. 100・101）

1

① ㋐合 ㋑会

③ ㋐明 ㋑空

⑤ ㋐生 ㋑産

⑦ ㋐返 ㋑帰

⑨ ㋐分 ㋑別

② ㋐上 ㋑挙

④ ㋐表 ㋑現

⑥ ㋐納 ㋑治

⑧ ㋐変 ㋑代

⑩ ㋐努 ㋑勤

17 短歌 （P. 98・99）

1

① 八重桜

② 春の野

③ 春の日

④ 金の油

⑤ 白砂

18 昔の文にしたしむ （P. 96・97）

省略

19 単文・重文・複文 ㈠ （P. 94・95）

1

①にわとりが　いる

②花が　さく

③実が　うれる

④姉は　買った

⑤北風が　ふきとばした

2

①風が　ふき　雨も　降る

②色が　きれいで　形が　美しい

③ぼくは　走り　おじいさんは　歩く

④父は　行き　姉は　行く

⑤花が　さき　子どもたちは　遊ぶ

20 単文・重文・複文 ㈡ （P. 92・93）

1

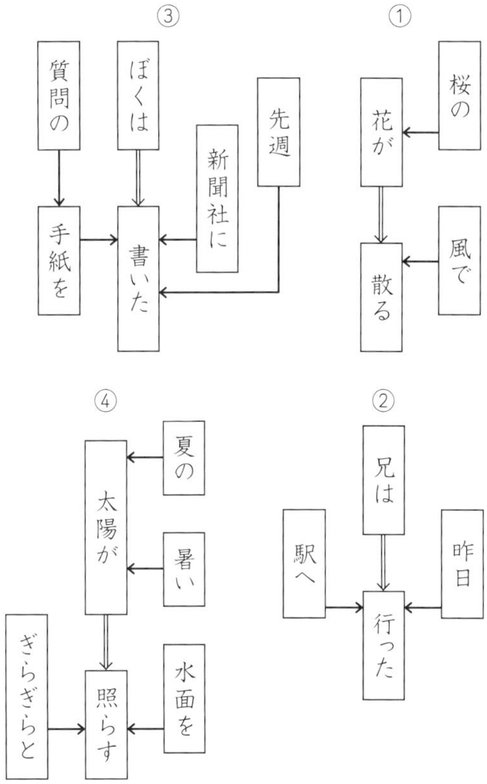

21 単文・重文・複文 ㈢ （P. 90・91）

1

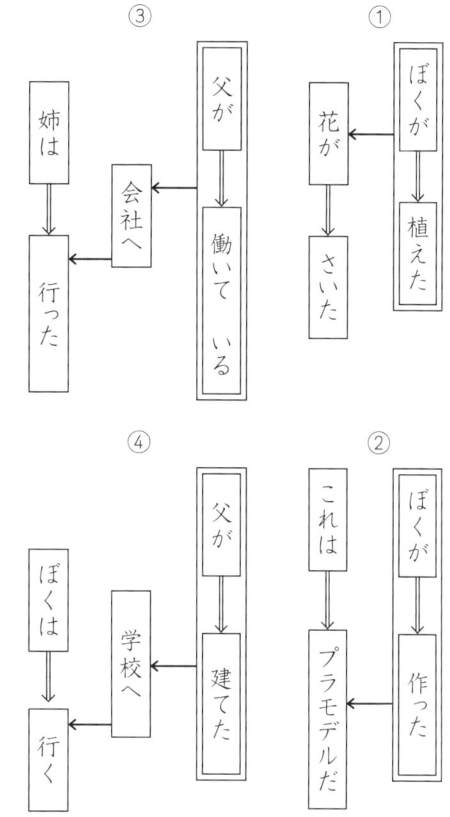

22 単文・重文・複文 ㈣ （P. 88・89）

1

①単文　②単文　③複文　④複文

⑤単文　⑥重文

2

①兄は六年生です。

弟は一年生です。

②大雪が降った。

風がふいた。

③菜の花がさく。

ちょうが飛ぶ。

④夕立がやんだ。

太陽が出た。

らくらく全科プリント　小学6年生

2011年 4 月20日　初版発行
2021年 1 月20日　改訂版発行

監　修：陰《かげ》　山《やま》　英《ひで》　男《お》
著　者：三《み》　木《き》　俊《しゅん》　一《いち》
発行者：面《おも》　屋《や》　尚《たか》　志《し》

発行所：フォーラム・A

〒530-0056 大阪市北区兎我野町15-13
TEL：06-6365-5606
FAX：06-6365-5607
振替：00970-3-127184
HP：http://foruma.co.jp/

制作担当編集：藤原　幸祐　★★3022

表紙デザイン：ウエナカデザイン事務所
印刷・製本：東洋紙業高速印刷株式会社